NATIONAL
GEOGRAPHIC

NATIONAL GEOGRAPHIC

美国国家地理全球史

最初的法老

The First Pharaohs

美国国家地理学会 编著 董馨阳 译

中国出版集团 现代出版社

历史赋予时代意义

雅克·勒高夫（Jacques Le Goff）

这套丛书视野宽广，结合了不同时期和地域的历史文化。“文明”一词的概念本身就昭示出本套丛书根据全球文化界定历史朝代和政治力量形成的凌云之志，这套丛书是美国国家地理出版社迄今为止打造的最具雄心的作品之一。它的成功既有赖于兢兢业业的撰稿者和编辑们，也取决于卓尔不群的设计构思。

这套囊括30册著作的丛书首先以西班牙语出版，现在已经引进法国以飨法语读者。这套书是人类历史领域无与伦比的知识和信息工具书。历史是由时间和空间构建的，年表、地图和平面图在书中俯首即是。这套书也没有忘记历史不仅是一种特殊形式的信息，更是充满了纷繁复杂的问题和关联，因此每卷书中都有三四份专著性档案资料。所有这一切，构成了时间和空间意义上真正的全球视野的介绍。这套书在编写中还考虑将文明根据年代进行划分，如“19世纪”，或根据由或大或小的领土构成的共同结构进行划分，如“绝对君主制”（17世纪的欧洲）。

我对这套丛书充满敬意，它首次为具有文化修养的读者提供了基于理性和公正的历史记述，从最古老的历史发端整体掌握世界历史的机会。由于在包括法国在内的诸多国家，历史教育正日益凋敝，这套丛书在今天就更具意义了。这种历史教育不断衰退的现状令人深感不安，因为无论对于个人而言还是对于整个社会来说，历史对于理解整个世界，理解我们在世界发展演变的过程中所发挥的作用都不可或缺。历史为高更（Gauguin）著名画作的题目《我们从哪里来？我们是谁？我们到哪里去？》（*D'où venons-nous ? Que sommes-nous ? Où allons-nous ?*）给出了答案。历史解释了我们的现在，书写着我们的未来。历史本身没有意义，是历史赋予时代意义。

目　录

概述 11

最初的法老 13

金字塔建造者 33

档案：修建金字塔 64

探索尼罗河谷 77

档案：制作木乃伊——通往冥界之路 106

王权危机 119

档案：日常生活 142

中王国和再统一 151

外国国王 181

档案：埃及神庙 203

附录 213

古王国和中王国时期的埃及 214

对照年表：古埃及、近东地区和其他文明 216

王朝年表 218

插图（第2页） 被鹰（隼）神荷鲁斯（Horus，法老的守护神）保护的法老哈夫拉（Khéphren）王座坐像右侧面。现藏于开罗埃及博物馆。

插图（第4页） 吉萨的斯芬克斯，位于开罗郊区。

插图（左侧） 第十三王朝国王荷鲁斯的卡（ka，意指生命力）雕像，中王国至此结束。现藏于开罗埃及博物馆。

概 述

按照从三角洲海岸到阿斯旺象岛的整个尼罗河谷是否存在中央政治集权，专家们将法老统治下的埃及的历史划分为不同时期。本书介绍了这一悠久历史的最初阶段。它以简要概述的史前史作为开篇，然后重点介绍了多个新石器时代文化，这些文化最终导致王国和提斯王朝诞生，即最初统治埃及的第一王朝和第二王朝。然后，本书介绍了古王国（第三王朝至第六王朝），即大石金字塔时代，这段时期内建造了许多雄伟的建筑，如萨卡拉阶梯金字塔或吉萨高原上的基奥普斯（Khéops，法老胡夫的希腊名）、哈夫拉和孟卡拉（Mykérinos）的陵墓。由于某些如今尚不为人所知的原因，中央集权王国在第六王朝末期覆灭了。随后，埃及进入了“第一中间期”（第八王朝至第十一王朝），这一时期各郡（或称为诺姆）领袖的手中都集中了相当大的权力。在这些大领主中，底比斯地区国王的后裔在上、下埃及两地的整个领土上建立了单一的王国，构成了历史学家所称的中王国（第十一王朝和第十二王朝），中王国的法老埋葬在用石头修建的巨大金字塔中。在此期间，埃及的文学蓬勃发展，对努比亚的控制急剧增强。但是，政治上的平稳在“第二中间期”（第十三王朝至第十七王朝）摇摇欲坠。与此同时，在三角洲建立了政权的近东人统治了大半个尼罗河谷。最后，喜克索斯诸王和底比斯统治者之间的冲突为这卷古埃及历史画上了句号。

插图（第8—9页） 萨卡拉（Saqqara）普塔霍特普（Ptahhotep）和埃赫霍特普（Akhethotep）马斯塔巴墓（mastaba）浮雕细节，展示出手持祭品者的仪式队伍（古王国[第五王朝]）。

插图（左侧） 孟图霍特普二世（Mentouhotep Ⅱ），中王国第一位法老，头戴下埃及王冠。位于代尔拜赫里的孟图霍特普二世神庙墙壁残片，现藏于伦敦大英博物馆。

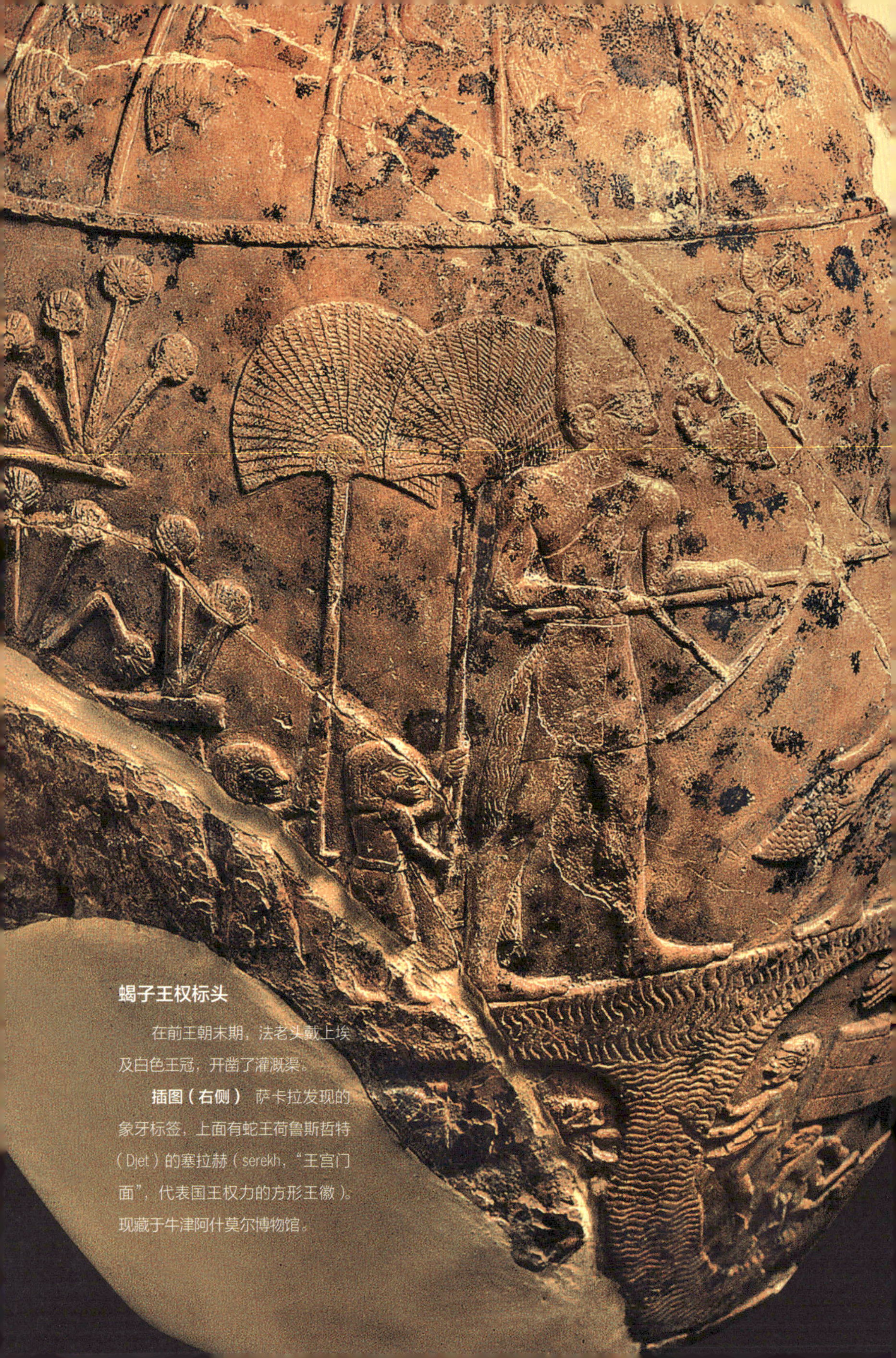

蝎子王权标头

在前王朝末期，法老头戴上埃及白色王冠，开凿了灌溉渠。

插图（右侧） 萨卡拉发现的象牙标签，上面有蛇王荷鲁斯哲特（Djet）的塞拉赫（serekh，“王宫门面”，代表国王权力的方形王徽）。现藏于牛津阿什莫尔博物馆。

最初的法老

古埃及复杂的社会延绵几千年之久，它是分布在整个尼罗河谷地区的多个新石器时代文化的产物，这些新石器文化最终形成了上、下埃及最初的强盛王国的雏形。在希拉康波里、涅伽达和阿拜多斯的发现，为这些王国统一在单一国王统治之下的认知提供了依据。

直到20世纪，埃及史前史才引起历史学者的关注。与后来发掘出的法老文明时期雄伟壮观的建筑相比，这一时期的考古遗迹委实黯然失色。长期以来，对史前史的无知或许可以解释为什么存在一种错误但非常普遍的认识，即埃及文明以第一王朝为起点，在出现之初便已经井然有序。很多人，尤其是对神话和神秘学感兴趣的爱好者认为，似乎有什么人将要素完备的文明直接放置在那里：在整个领土上早已建成的等级制社会、铁腕的统治者、完善的管理机制和大批虔诚的宗教信徒。但是，事实绝非如此。深入尼罗河谷腹地的发掘工作以及令人惊叹的建筑遗迹重见天日，使得近几十年间涌现出许多新的发现。因此，可以重新编写历史年表，展示埃及地区人类出现的来龙去脉，以及奠定后来古埃及文明的诸多基础。

古气候学研究表明，撒哈拉沙漠作为当今世界上最大的沙漠之一，在古代却并非总是如此。在过去的几千年中，地球经历了巨大的气候变化，它极大地改变了地球的生态系统：广袤无垠的原始大草原，逐渐沦为沙漠化进程的受害者。

最初的定居者

尼罗河文明的出土物，可以追溯至约一万二千年前的全新世。当时，温度比现在的温度低，雨水则更多。撒哈拉沙漠当时是狩猎采集者居住的热带稀树草原，人群跟随着草食动物群不断迁徙。根据不同的季节，他们在沙漠中几个非常固定的区域定居，这些地方被称为“海滩”——因为在几个月的时间里，雨水使这些地方形成了若干个时令湖。之后的一段时期，温度升高，降水逐渐稀少，这种生活方式便随之消亡。热带稀树草原逐渐让位于浩瀚的沙漠，海滩最终枯竭，终不可循。然而，学会了在撒哈拉沙漠中生活的人们被逼无奈，只得迁往这一地区的主要水源地——尼罗河。此时约为公元前 6300 年，但距第一个新石器时代文化出现在尼罗河谷尚有数百年时间。

在埃及北部地区，即下埃及地区，发现了这些原始文化的踪迹。三个新石器时代的遗址就是明证，它们具有多个共同特征：居住区存在季节性占用的情况，小麦和大麦混合种植，季节性的移动放牧养殖以及对河流地区植物产地进行开垦。

第一个遗址位于三角洲的西部地区，地处麦里姆达（Mérimdé，贝尼萨拉姆），第二个遗址位于法尤姆，不久之后又发掘出第三个遗址——介于两个遗址之间的奥玛里（El-Omari），位于其他两个站点之间。这些北方文化的特点，在于它们非常重视死者及其坟墓。因此，在麦里姆达，死者按照一定的方向下葬，而这种情况在奥玛里文化中并不存在，在法尤姆则没有发现任何坟墓。尽管奥玛里文化中零星存在将陶器与死者一同下葬的情况，但也仅限于此，大部分情况下并不存在随葬品。

新石器时代生活方式中最有价值的遗迹并非出自尼罗河谷，而是位于纳巴塔·普拉亚（阿布辛贝以西约 100 公里）。据发掘发现，小圈的石块指向夏至，并伴有朝向多颗恒星（如天狼星或北极星）的巨石阵；还发现了坟墓，人工堆砌的丘状物和类似祭坛的建筑物。尽管规模不大，但这些元素并非没有价值，因为它们很可能是穿越该地区的游牧民族的聚会场所。在奥玛里文化末期（公元前 4600 年—公元前 4400 年），埃及中部距尼罗河东岸约 30 公里处出现了巴达里文化。与北方文化一样，其村庄仅在一年中的某些时候有人居住。另一方面，巴达里墓地则大不相同，它们提供了更加丰富的考古信息。

显然，当时人们非常注重死者：他们将死者埋葬在地面发掘的椭圆形的墓穴中，身体侧卧，头部向南，面部朝西，用皮或布包裹尸体。随葬品数量很多，墓与墓之间随葬品丰富程度差异悬殊。按区域分布的不同墓穴，似乎显示出社会等级化以及出现了前所未有的信仰。

在中部地区巴达里文化不断发展的同时，北部地区则以一种相对统一的文化为主，其主要遗址位于布托（位于三角洲上）和迈哈迪（开罗附近）。与巴达里文化不同，这里保留了北部地区墓葬鲜有随葬品的传统习惯。在大约公元前 4000 年，在下埃及迈哈迪文化获得发展的同时，在南部的上埃及则出现了一个新的文化，即涅伽达文化 I 期（或称为阿姆拉特文化）。

涅伽达文化 I 期和 II 期

阿姆拉特时期，或称涅伽达文化 I 期，各遗址都展示出相当一致的特征。这些遗址与巴达里遗址非常相似，可能表明这两种文化密切相关。同时，墓地再次提供了珍贵的信息。社会等级制度似乎进一步发展，这一点在该阶段表现得十分明显。墓葬最丰富的墓穴集中在特定的墓地中，陶器纹饰（人面、狩猎场景、沙漠中或河边的生活场景）见证了当时存在一种已经成形并蓬勃发展的意识形态。这表明，当时权力体系已经建成，血统对于群体内部关系和对外关系而言都至关重要。

在尼罗河谷，文明的发展一直持续至涅伽达文化 I 期之后，即大约公元前

新石器时代和早王朝时期的埃及文化

公元前6000年—公元前5000年

纳巴塔·普拉亚文化 凭借开凿的水井和当地丰富的水资源，由季节性牧民和农民构成的社会得以出现。

公元前6000年—公元前4000年

法尤姆文化 农业先进，出现石器、编织器和陶器。其为半游牧社会，与三角洲其他群体开展贸易。

公元前4800年—公元前4200年

麦里姆达文化 在下埃及地区，出现了首个大型新石器时代村庄。其为完全定居的文化，人们从事农业和畜牧业。

公元前4600年—公元前4400年

奥玛里文化 分为三个主要阶段（A、B和C阶段），死者被埋葬在接近居住区的中心位置。红陶和黑陶，表面具有少量纹饰甚至无纹饰。

公元前4400年—公元前4000年

巴达里文化 出现仅在一年内某些时间有人居住的村庄。大墓地中随葬品种类丰富。

公元前4000年—公元前3200年

涅伽达Ⅰ期和Ⅱ期文化 陶器上的纹饰显示出当时社会为等级制社会，权力体系已经非常完备。

涅伽达陶器：无价之宝

在阿姆拉特（涅伽达文化Ⅰ期）和格尔塞（涅伽达文化Ⅱ期）墓穴中出土的陶罐数量甚多，种类丰富，为我们提供了关于最初的定居社会的丰富细节。

上埃及地区涅伽达文化Ⅰ期和Ⅱ期的陶器残片，对于考古学家而言是非常珍贵的信息来源。残片上的纹饰展现了五千多年前尼罗河谷居民日常生活的众多场景，这些场景很明显地显示出当时的社会已经完全定居化，人们经营农业、畜牧业并利用河流和沿海资源。例如，右图是一艘具有桅杆和船帆的大船，船上是一群有条不紊驾驶大船航行的桨手。毫无疑问，这些图像明显显示出当时的等级制社会结构复杂，权力体系业已完备，是早王朝时期之王国雏形的基础。

3500年的涅伽达文化Ⅱ期，或称为格尔塞时期。在这一时期，上埃及文化逐渐北下，逐步成为象岛至三角洲整个河谷地区的文化。

这意味着埃及在几个世纪后政治获得统一之前，文化已经完成了统一。在这段转变期，河流附近的热带稀树草原逐渐干旱，人口定居生活逐渐成为常态。这种作为粮食主要来源（狩猎和采集）的半干旱撒哈拉沙漠环境的消失，无疑是该地区人口在格尔塞时期转而投向从事农业和畜牧业的因素。尽管在沙漠及其道路上人们仍

然熙来攘往，但在这一阶段游牧民族已经难觅影踪。

南部地区定居进程最为明显，在这一地区出现了相对较大的城市中心。例如，希拉康波里就是一个重要的中心，这要归功于被考古学家认定是仪式中心的一个重要建筑。这个建筑标被称为HK29A，主要由一个侧面由一些要素环绕的椭圆形的大庭院和一个中央支柱组成。在此建筑群的一部分中发现了动物遗骸（山羊羔和绵羊羔，野生动物和大鱼），表明了这里曾举行过仪式。格尔塞世界观逐渐形成，在其基础上形成了未来的法老观。

有限的空间中生活着大量的人，这表明社会正在变得更加复杂，正在寻找一种能够使其运作的结构。涅伽

巴达里小塑像

这种极具性特征的女性形象，在男女墓穴中都有发现。象牙，现藏于伦敦大英博物馆。

达时期也是埃及人看待世界的方式发生变化的时期，而这解释了坟墓在此期间发生的明显变化。实际上，除了已经观察到的上一时期的传统外，还出现了新的习俗，特别是在墓地分配方面，最富有的人被集中在每个墓地的特定位置。在多数情况下，墓穴仍然是椭圆形的，但也发现了一些矩形的墓穴，有的覆有泥土，并被类似栅栏的元素包围。最早的棺材出现了，由于仪式品不断增加，随葬品被放置在墓内。在延续旧有习俗的基础上，还出现了一些不同寻常的丧葬习俗：有的尸骨缺少头骨，有的墓内有多个头骨，尤其有的尸骨遗骸清楚地表明死者生前被斩首或被剥皮，令人想到了人牲。

随葬品中的某些元素不难解释，可以想象墓中在烧造前已经变形的陶器暗示了死者生前身体畸形，而其他墓中的祭品则表明死者的职务或身份。

格尔塞时期的另一个重要方面是，上埃及与巴勒斯坦（该地区进口的陶器印证了这一点）、美索不达米亚（圆柱印章），或苏美尔和埃兰（产自阿富汗的青金石贸易的中间人）的外部联系。对这一时期墓地的研究表明，新崛起的精英阶层曾尝试限制奢侈品流通，无疑这对社会上已经存在的等级制度倾向起到了推波助澜的作用。到该时期末期，埃及成为由诸多听命于人的强大团体构成的社会。尼罗河沿岸的“政治”团体发展水平各异。但不可否认的是，在南部地区，其中三个地点的政治团体（希拉康波里、涅伽达和阿拜多斯）尤为重要，它们均已具备复杂的社会结构和成熟的群体，可被称为“原型王国”。

“原型王国”

在此阶段，尼罗河谷上游地区在涅伽达文化Ⅱ期末期大约存在四个“原型王国”，从北至南分别为：库斯图尔（位于努比亚）、希拉康波里、涅伽达、阿拜多斯（首都提斯）。其中，后三者（无疑库斯图尔由于距离遥远而无法加入其中）之间的联系催生了统一的统治尼罗河地区的“南部原型王国”。与史前埃及一样，主要是墓地为我们呈现了关于这段历史的面貌。在这些部落中，某些墓穴所在的墓地遗址由于其规格较高，墓葬品与其他人口明显有所差异，可被认为是君王之墓——这里是指死者的墓地或陵墓规格远高于普通百姓，即墓主人为这些“原型王国”的“王”。例如，在希拉康波里，墓 HK100 中的壁画图案也出现在法老时期的墓穴中；在同一个墓地上的墓 T23，其形态与第三王朝的国王左塞尔（Djoser）的陵墓形态极为接近。在涅伽达，墓地 T 的一些大陵墓异乎寻常，有些尺寸能够达到 5 米 ×2.5 米，尤其是墓 T5。在阿拜多斯，值得注意的是墓地 U 的陵墓，有些侧面尺寸为 5 米 ×2.5 米，深 2 米。值得一提的是，在该处最后发掘出的墓 U-j，其随葬品甚是丰富。

王国的形成

“原型王国”在统一时形成埃及王国，对于导致这些“原型王国”出现的成因众说纷纭。最近认为，埃及初期沿尼罗河分布着不同的政权，亲缘制在这些政权中占主要地位，之后在法老时期的埃及，王国制占主要地位，可能是不同群体之间为了获得更多的资源或源自埃及以外地区的财富而进行对抗，进而导致这种亲缘制向王国制的转变。

诚然，为了控制这些战败的群体，需要采取专制和“国家”手段，但这并不能阻止这些战败群体最终不断蚕食胜利政权的社会结构。因此，随着王国的构成要素（官吏、司法机构、行政机构）逐渐萌生，胜利一方发号施令的精英们成为唯一的亲缘制群体。这使社会中其余群体逐渐效法当时战败群体采取王国制。

经过这种“博弈”，之所以称之为博弈是因为（如杰出的古埃及专家巴里 · 克姆普 [Barry Kemp] 所描述的）这属于一种社会博弈，最终有三个政权征服了整个国家，它们成为希拉康波里、涅伽达和阿拜多斯的“原型王国”。不可否认，在真正的统一政权出现之初，最终征服尼罗河谷源自这三个政权的互动。这个过程的重构（纯粹是推测性的）是在不同元素的基础上进行的。神话讲述了在第一次胜利后，塞特（Seth，涅伽达的神）败在荷鲁斯（希拉康波里的神）手下。可由此推测，之后希拉康波里和阿拜多斯之间的交锋在涅伽达上演。第一王朝的法老墓地是阿拜多斯墓地，可以推测曾有一次代价高昂的胜利，导致这些“原型王国”的诸王不得不接受敌对一方的神，以示对被战胜一方的尊重和安抚。但也可以猜测，经过政治联姻，各方以更平和的方式握手言和，尤其是这一时期的考古遗产均没有遭到任何破坏。无论情形如何，在涅伽达文化Ⅲ期（公元前3200年—公元前3000年）末期，在埃及南部已经存在“原型王国”。“原型王国”逐渐壮大，直至延伸到三角洲地区，将整个国家统归于唯一的君王统治之下。

在上埃及创建“原型王国”和国家最终政治统一之间，存在一个难以评估的时期。在这一时期，许多埃及政治团体领袖的名字出现在不同的载体上——陶器、干河岩石、采石场等。关于这段前王朝君主制时期，我们除了知道它曾经存在之外，几乎对它一无所知，一般约定称之为“第零王朝”。埃及学文献中采用的这个名称对于非专业读者来说仍然模棱两可，因为“王朝”一词似乎暗示着有一位唯一的统治者控制着国家，然而它涉及所有即将夺取政权甚至是非常短暂地夺取了政权的人。这些人中包括卡王（Kaa）、蝎子王（Scorpion，不要与同名的权标头的所有者蝎子王相混淆）、鳄鱼王（Crocodile）、未知王A（Roi inconnu A）和未知王B（Roi inconnu B），这些名字之所以获得辨认，是因为它们都铭刻在塞拉赫（serekh）上，这是一种垂直的矩形框，代表王宫门面，上栖荷鲁斯神鹰。这些符号是王国及其最伟大的发明之一——文字最初的见证。

动物造型调色板

在涅伽达文化Ⅱ期，这一物品用于研磨矿物质颜料，如方铅矿石或亚锑酸盐矿石，埃及人用这些颜料化妆。这种工具一般为石头材质，形状为椭圆形或动物造型，起初是日常生活使用，后来成为一种陪伴死者在冥界生活的仪式品。现藏于柏林新博物馆。

纳尔迈和统一大业

关于尼罗河流域土地归于唯一的君王统治的转变进程，我们没有任何可用的资料。然而，有些这一时期的考古典籍保存完好，能够作为参考。因此，（祭祀用的武器或完全是礼器的）刀柄或匕首手柄、调色盘或权标头上装饰有多个场景。

阿拉克山刀柄

这是在阿拜多斯南部的阿拉克山出土的一把刀的刀柄，其表面经过雕刻，属于涅伽达文化Ⅱ期（公元前3500年—公元前3200年）。刀柄使用海马的长牙制成，长约25厘米，装饰有浮雕。刀柄的一面展示了战斗场景和水战，另一面则描绘了受到美索不达米亚风格影响的神话场景。现藏于巴黎卢浮宫。

❶ **宇宙调停者** 神、英雄或者王制服了两头后腿站立的狮子，这个画面表现出对自然的力量造成的混乱和无序状态的征服。

❷ **犬** 犬神的形象显示出刀柄受到美索不达米亚风格的影响，与美索不达米亚神话故事中国王伊塔纳（Étana）、蛇和鹰的形象存在关联。

❸ **羚羊** 下半部分是一圈动物，为首的是一位年轻人驱赶着羚羊，他可能是Chou神，他也赶牛。

❹ **狮子** 狮子吞牛时，嘴巴将牛包裹起来。狮子代表着夜晚的星星，而牛则代表白日的灼热。羚羊已不见踪影，它象征着夜晚的凉爽。

宇宙无序

王的埃及形象（右侧刀体画框部分）是秩序与混乱的平衡点，也是宇宙无序的控制点。这种形象也同样见于美索不达米亚地区，该地区的一枚印章上也出现了这一象征，印章上是吉尔伽美什（Gilgamesh）分开两头牛。

希拉康波里墓HK100内的壁画

在1898—1899年间，F.W.格林和J.E.基贝尔发现了位于希拉康波里的墓HK100。这处墓所有的随葬品早已被洗劫一空，只剩下粉碎的骨块以及少许陶制容器和燧石物件。

墓HK100被称为“彩绘墓”，其墓主人是格尔塞时期或称为涅伽达文化Ⅱ期（公元前3500年—公元前3200年）先王之一。墓内壁画的绘画风格与王朝时期常见的艺术风格相比略有不同，但在壁画中仍然能发现后续时期一直保留的某些图案。例如，用权标头击杀战俘的胜利者，统治着混乱和无序的王，甚至头上有华盖的君主，这些图形开创了表示王的先河，它们在塞德节（Sed，或五十年节[jubilé]）代表国王。整个场景宽3米、高6米，明显是一幅寓意画，表现出王权使混乱和冲突终结。这是古埃及文化中一个非常重要的主题，在前王朝时期这一主题更为重要，因为当时的社会刚刚定居下来，四周敌对势力和变故虎视眈眈。

❶ **船** 壁画的中央图案由六艘大船组成，象征着秩序、国王的权威以及随着时间推移产生的变化。

❷ **敌人** 很可能是前王国时期的王，被表现为战斗的胜利者朝一排被束缚的（尺寸更小的）战俘挥动手中的权标头。

❸ **强大的王权** 王作为混乱平息者和宇宙对抗力的主宰者的形象再次出现，两头狮子分别代表着混乱和对抗。

如果说展现统一的调色盘和典籍能够使我们对第一王朝的诞生产生一些初步的认识，那么最近在阿拜多斯的墓地中发现的两枚圆柱形印章（其中一枚属于登王，另一枚属于卡王）彻底厘清了第一王朝君王的数量和传承顺序。两枚印章的君王名单略有不同，但都以同一位君王作为开始，后面跟着后续国王的姓名，构成完整的系谱：纳尔迈、阿哈、哲尔、哲特（“蛇王”）、王太后美丽奈荻、登、阿涅德吉布、瑟莫赫特、卡。传说中的开国国王美尼斯（Ménès）没有出现在名单之内，取而代之的是纳尔迈。

❹ **权威** 手持权杖和鞭子（链锤）的王的形象，具有后期塞德节的雏形。王的形象和船一样，与权威有关，属于与秩序和控制无关的形象。

❺ **威胁** 自然力量以动物或人类的形式表示，相当于国王被俘或落败。

墓HK100

其位置与宫殿墙及入口相对。下图，点Ⓐ标示出随葬品的位置，壁画Ⓑ位于墙体西侧。

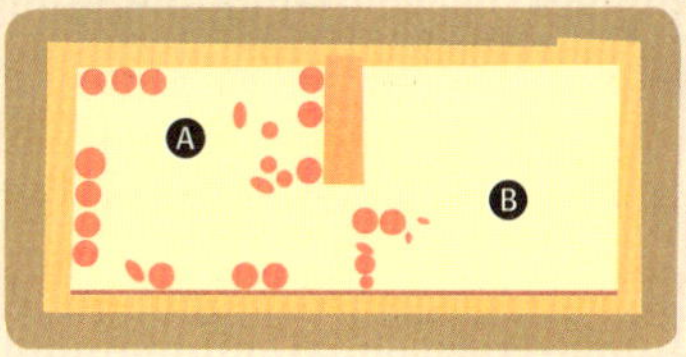

在第零王朝结束时，出现了一位比其他君王手腕更为灵活或者说更为幸运的君王，他成功地实现了对尼罗河谷全境的统治，包括象岛和三角洲地区。就此，法老王国诞生。从传统上说，这一丰功伟绩都要归于传说中的国王美尼斯，但实际上根据考古结果发现，这些彪炳史册的功绩是由纳尔迈创造的，他是第一王朝（“提尼特王朝”，即提斯 [This] 王朝[1]）的开国国王。

皇家标签

它发现于阿拜多斯的 U-j 号墓中，其历史可追溯到涅伽达文化Ⅱ期。标签是最早的象形文字示例之一，通过标签上记载的年份大事可以断定君王的确切统治年份。现藏于伦敦大英博物馆。

[1] 提斯王朝，埃及第一王朝的都城在提斯（This，大概在阿拜多斯以北 20 公里一处名为吉尔贾的地方），所以古埃及历史学家曼涅托（Manéthon）在《埃及史》中将第一王朝、第二王朝合称为“提斯王朝”。——译者注

纳尔迈（Narmer）
（荷鲁斯名，“神奇的鲶鱼”）

阿哈（Aha）
（荷鲁斯名，“战斗的荷鲁斯”）

哲尔（Djer）
（荷鲁斯名，“救助人的荷鲁斯”）

登（Den）
（荷鲁斯名，“攻击的荷鲁斯”）

阿涅德吉布（Adjib）
（荷鲁斯名，“拥有勇敢之心的人”）

瑟莫赫特（Sémerkhet）
（荷鲁斯名，“体贴的朋友”）

卡（Kaa）
（荷鲁斯名，“抬起手臂的人”）

第一王朝（提尼特王朝）荷鲁斯和塞拉赫崇拜

第一王朝的君主哲特（Djet）或称蛇王，其陵墓位于阿拜多斯皇家墓地。在陵墓中发现了哲特石碑（或称蛇王碑），碑上带有荷鲁斯护佑的塞拉赫（装饰有建筑图案的方框，象征着法老的王宫），上面铭刻着他的名字（“哲特”，意为“蛇”）。

这块石碑发现于阿拜多斯的乌姆•卡伯（Oummel-Gaab）墓地Z号墓，它体现出埃及早期君主专制的本质。石碑为石灰石质地，高1.43米，宽65厘米，出土于墓室之外，是标示出来者应向君王致敬的界碑。石碑由三个部分构成，这三个部分显示出的力量、纯粹和简洁使石碑十分引人注目。它们分别是：

❶荷鲁斯，鹰神，每位法老都是鹰神荷鲁斯的化身，其位于上方。荷鲁斯之名是法老身份最古老的象征。

❷法老王的名字铭刻于碑上，带有眼镜蛇或蛇的象形文字，发音为“哲特”。

❸在塞拉赫的下部，蛇的下方是王宫的象征，它总是包括王宫的立面，并在上方带有法老的名字。现藏于巴黎卢浮宫。

除完成统一外，纳尔迈还决定在三角洲地区尖端的孟菲斯修建新都，他对于统治新创建的疆域更加广阔的国家而言显得更加务实。远离旧都修建新都，能够打破精英和君王之间保持的联系，进而巩固加强君权。上述提及的这一时期的圆柱形印章让我们可以确认，如果君王即位时年龄尚为幼小，那么他的母亲可以摄政，而实际上后面就发生了这样的情况。王太后美丽奈茨成为女摄政王，她的陵墓位于乌姆·卡伯（“陶罐之乡”），如今这一地区的墓地被视为阿拜多斯皇家墓地。

尽管美丽奈茨在登王的圆柱形印章中仅作为王太后而不是君王，但是她的政绩令人赞叹，足以埋葬在诸多先王身边。此外，值得注意的是，这位王太后的姓名并没有出现在卡王的印章上，但这枚印章却包括了所有君主制时期君王的名字，这似乎象征着首例在皇家系谱上的“除名毁忆”（damnatio memoriae）。

第一王朝的君王埋葬在宏大的陵墓中，但没有修建肉眼可见的超大结构，而只是修建了简单的坟头。这些陵墓位于U号墓延伸部分的阿拜多斯墓地未遭到盗挖的区域，在这里沉睡着第零王朝的部分君王。一座长方形的大型砖砌建筑围出一处举行仪式的空间，被称为“葬礼宫殿”，而这一建筑是每座墓都有的构成部分，距墓1.5公里。如今，尽管我们仍然不知道它究竟承担着怎样的仪式功能，但认为在修建下一个统治者的葬礼宫殿之前，就已经将其按部就班地销毁了。

巡游的王朝

与此同时，为了巩固孟菲斯地区的君主制，君王们在萨卡拉[2]（Saqqara）建造了长方形的大型马斯塔巴墓[3]（mastaba）供贵族使用。因此，国家拥有两个主要的权力中心，提尼特君主制的君王在这两个权力中心之间巡游。他们定期巡游尼罗河地区，查看河道，借机收税。

在埃及王国建国的第一阶段，君王心中征服的锐意使他们跨越了尼罗河谷边

[2] 萨卡拉（Saqqara），埃及境内一个古代大型墓地，位于开罗以南约30公里，面积约7公里×1.5公里。——译者注

[3] 马斯塔巴墓（mastaba），阿拉伯语的音译，埃及前王朝的墓葬形式。坟墓分成地下室和地面建筑两部分，多用泥石建造，呈梯形六面体状，与阿拉伯人的一种石凳形状相似。——译者注

提尼特时期

公元前3000年—公元前2890年

第一王朝

纳尔迈
阿哈
哲尔
哲特
美丽奈茨（Merneith）
登
阿涅德吉布
瑟莫赫特
卡

公元前2890年—公元前2686年

第二王朝

赫特普塞海姆威（Hotepsekhemouy）
纳布里（Nebrê）
尼涅特尔（Nineter）
温涅格（Ouneg）
塞涅德（Senedj）
塞克赫米布/伯里布森（Sekhemib/Péribsen）
哈塞海姆威（Khasekhemouy）

境，这也解释了埃及人为何会在这一界线之外留下存在的痕迹。西奈半岛走廊的考古遗址，正是第一王朝时代的埃及遗迹。此外，在巴勒斯坦南部多个建有防御工事的中心也发现了大量的埃及遗迹，但这种现象是十分短暂的，到第一王朝末期时这种现象就已经消失殆尽了。

努比亚也受到同样的冲击，但仍然深受法老影响，以至于法老成为努比亚文化消亡的直接原因。努比亚人并没有遭到灭绝，而是被驱赶至南方，因此在这些地方也有埃及人存在过的痕迹。自此，法老王国步入正轨，最终占据了整个尼罗河谷。

人们对第二王朝的了解远没有对第一王朝的了解确切，特别是第二王朝的统治者次序尚不明确。根据这一时期的一座雕像上的铭文，已知前三位法老的名字为赫特普塞海姆威、纳布里、尼涅特尔和最后一位法老的名字哈塞海姆威。其他法老大约按照温涅格、塞涅德和塞克赫米布/伯里布森的顺序先后掌权。

还有一件事令埃及学者感到困惑，那就是第二王朝的统治者并没有埋葬在阿拜多斯。在萨卡拉，沿乌纳斯金字塔堤道发现的某些地下工程显示出他们选定了孟菲斯作为其永久安眠之所。这座陵墓具有在岩石上开凿的绵长的走廊，没有可见的上部结构，但仍位于由墙界定的大空间内。仅有提尼特王朝最后两位君主埋葬在阿拜多斯，即伯里布森和哈塞海姆威。前者的墓规模不大，而后者的墓形制如出一辙，之后又将尺寸放大，成为阿拜多斯皇家墓地中最大的陵墓。

提尼特时期终结

如果说关于第二王朝的大部分历史仍然晦暗不明，那么有一些元素则显示出这一王朝末期的政局波诡云谲。伯里布森是回到阿拜多斯长眠的第一位第二王朝的君王。最令人吃惊的是，在伯里布森的方形王徽上，他的守护神并不是荷鲁斯，而是涅伽达的塞特。伯里布森是来自涅伽达（或北方）的篡权者，其埋葬在阿拜多斯是为了寻求其权力的正统性吗？抑或是伯里布森本是该地区皇室分支的后裔，此举是为了认祖归宗？似乎这还不足以播下怀疑的种子，伯里布森的继任者在即位之初名为哈塞海姆（Khasekhem，意为“权力出现”），他的第一块方形王徽上栖息着荷鲁斯神；而在其统治期间，他改名为哈塞海姆威（“两个权力出现”），并带有称

尼罗河：生命之源

没有尼罗河，就没有涨潮期，更没有洪水，古老的埃及文明就根本不会存在。尼罗河的河水是生命之源，也是北方地区和南方地区之间的堤道。在六千多年的历史长河中，对于人类历史最令人心醉的文明之一的萌芽和发展，尼罗河的作用至关重要。

纳尔迈调色盘：镌刻在石头上的故事

纳尔迈调色盘于1894年出土于希拉康波里神庙的大宝藏中，它是一块高64厘米的绿色片岩石板，两面雕刻了荷鲁斯名为纳尔迈的法老统治的画面。纳尔迈是王朝的首位国王，在阿拜多斯皇家系谱中被称为美尼伊（Méneï）或被曼涅托（Manéthon）称为美尼斯。这一文物是上、下埃及统一的最早见证，现藏于开罗埃及博物馆。

调色盘和权标头：统一的见证

记述上、下埃及统一的考古遗迹数量庞大，其中包括：

- **布鲁克林刀** 家畜整齐地排成几行，雕刻在刀柄上。
- **阿拉克山匕首** 被驯服的动物和战争场景。
- **四狗调色盘** 每侧均装饰有动物。其中，一只好奇的动物或经过装扮的人拨弄着笛子。
- **猎狮调色盘** 只有一面装饰有纹饰，展现了狮子遭到狩猎人的弓箭射击。
- **秃鹰调色盘** 正面展示了一排囚犯和一头狮子在尸横遍野的战场上吞吃敌人，背面有两头四足动物和一只鸟。
- **公牛调色盘** 正面展示了牵着绳子的手和一头蹄踏敌人的公牛，背面是另一头公牛和加固的围栏。
- **利比亚调色盘** 正面展示了在利比亚被当作战利品的动物，背面则象征着修建了防御工事的城市。
- **蝎子王权标头** 装饰有许多仪式，尤其包括法老打开水渠或开凿水渠。
- **纳尔迈王权标头** 展示了塞德节（或称皇家禧年）的场景。

调色盘中央部分包括脚踏敌人的法老。法老一手高举权标，一手拉着敌人的头发。

① **塞拉赫** 法老名以象形文字的形式雕刻在王宫门面上，这是君王的象征。

② **白冠** 法老头戴上埃及的白冠，象征着对下埃及地区的最高权力。

③ **荷鲁斯** 荷鲁斯神，国王神性的标志，出现在莎草纸上。莎草纸是下埃及的象征，表示法老征服了三角洲地区。

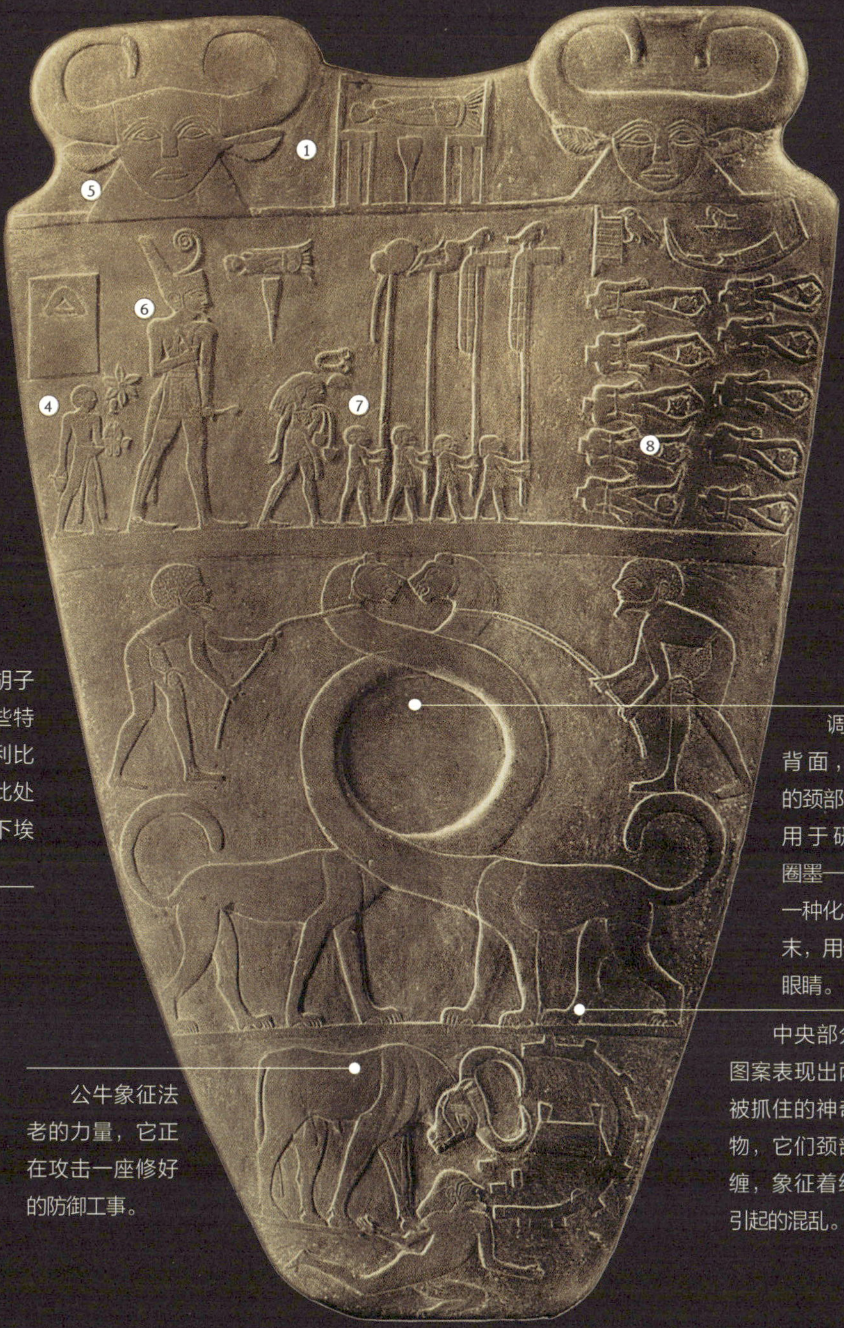

战俘有胡子和卷发，这些特征用来表现利比亚人，尽管此处可能是表示下埃及的居民。

法老杀死敌人，
以处他们死后魂归
状。在敌人的肩
雕刻了听命于纳
力量的两座城市
象征。

公牛象征法老的力量，它正在攻击一座修好的防御工事。

调色盘背面，交缠的颈部中空，用于研磨眼圈墨——它是一种化妆品粉末，用于保护眼睛。

中央部分的图案表现出两只被抓住的神奇动物，它们颈部交缠，象征着统一引起的混乱。

4 **穿凉鞋的人** 高品阶官员。在古埃及，凉鞋是功成名就的象征。

5 **神牛** 神牛与未来掌控埃及天空的女神哈托尔（Hathor）相关，她出现在调色盘上部。

6 **红冠** 调色盘背面，法老头戴下埃及的红冠，象征着征服和统一。

7 **仪式行列** 法老身后跟随着穿凉鞋的官员，在他身前的是另一位官员和四位组成一列的旗手。

8 **敌人** 敌人经常出现在古埃及展示的图像中，在此处他们遭到斩首，头部位于双脚之间。

阿拜多斯墓地的皇家葬礼船

1988—1991年，美国考古学家大卫·奥卡诺（David O'Connor）在阿拜多斯皇家墓地中发现了十四艘木制的巨大船只残骸，船只两端为突龙骨形状，而所有船只均位于黏土修建的“墓”中。这些葬礼船属于第二王朝最后一位法老哈塞海姆威，他希望死后能够继续沿尼罗河在冥界穿行，以穷奢极欲的方式显示着他显赫的财富和至高的权力。

谓“两个权力出现，因他获得和平”。哈塞海姆威新的方形王徽上不仅出现了鹰神荷鲁斯，还出现了与塞特相关的动物。哈塞海姆威的名字进而出现在希拉康波里地区，这又该如何解释？也许南部皇室两个分支之间出现了冲突，各方均获得了一位保护神的支持，但也可能是提尼特国王消灭了其必须战胜的北方叛乱者。唯一肯定的是哈塞海姆威统治了整个国家，他的这个名字不仅出现在阿斯旺前端的象岛，也出现在内陆腹地比布鲁

❶ **陵寝** 在阿拜多斯附近的乌姆·卡伯皇家墓地中，法老哈塞海姆威的陵寝对面，埋藏着多艘船只。法老哈塞海姆威约去世于公元前2686年。

❷ **沟** 为埋葬这些船只，劳工挖掘了十四条沟，深约26米，上覆泥砖墙。

❸ **造船** 船只长23米，由麻绳或类似材料将模板“缝制”起来制成（未使用钉子）。

❹ **载重** 船只载满泥砖，堆满了黏土砖。用作锚点或系泊点的小石头，显示出“墓”本身设计为船形。

❺ **船“墓”** 所有船只都覆有泥砖层，船头和船尾均为球形。

❻ **最终涂层** 最后一步是涂覆和粉刷所有“墓”的整个结构，每个墓地上的涂层高度为50厘米。

❼ **通往冥界的路程** 尽管因为铭文而导致难以界定这些船只的真实用途，但是许多埃及学家一致认为这些船只与通往冥界的路程有关。

斯就是明证。当然，哈塞海姆威可能不知道自己的陵墓将成为阿拜多斯最后一个皇家陵墓。等到下一个法老掌权时，许多事物都发生了变化，而这种变化如此之大以至于一个新的历史时期（古王国）开始了。从这一时期开始，埃及君主都埋葬在一种新的建筑——金字塔中。

最古老的国王

这座雕塑出土于阿拜多斯墓地，头戴上埃及王冠，没人知道这是谁的雕塑。这是迄今为止发现的最古老的埃及君主，现藏于伦敦大英博物馆。

胡夫、哈夫拉和孟卡拉金字塔

这些金字塔是第四王朝时期在开罗附近的吉萨高原上建造的。

插图（右侧） 第三王朝时期的雪花石膏头像，代表埃及的敌人。现藏于慕尼黑国立埃及艺术博物馆。

金字塔建造者

在第三王朝和第四王朝时期，古王国奠定了埃及文化的基础，第一次使埃及在世界的版图上占有一席之地。古王国的重要人物至今仍不为人所知，因为我们对他们所处的这段时期所知甚少。尽管如此，但他们无疑都是了不起的人物，而金字塔作为他们的主要成就，无论是在过去还是现在，都令人浮想联翩。

左塞尔（Djoser）是第三王朝真正的缔造者，他也是古王国的第一任国王。左塞尔使刚刚走出新石器时代的埃及，踏上了通向日后其所成为的伟大王国的康庄大道。之后到了新王国时期，左塞尔被人称为“伟人”或“圣人”，显示出埃及人民对其无比的尊敬和重视。甚至大约在左塞尔统治结束一千二百多年后，有一些第十八王朝的“旅行者”——孟菲斯地区的抄写员，他们略有些自由活动的时间，便去参观萨卡拉的阶梯金字塔，并在墙上刻下了对金字塔修建者法老左塞尔的溢美之词，因而留下了他们曾经到访的踪迹。在哈塞海姆威墓中出土的密鉴上刻有左塞尔的头衔，其显示出左塞尔本名为尼特杰里赫特（Netjerikhet）。左塞尔成为君主颁布的最初的决定中就包括在萨卡拉的孟菲斯墓地为他本人修建陵墓。

左塞尔上台统治标志着提尼特王朝即第一王朝和第二王朝的终结，这一时期以上埃及阿拜多斯附近的城市提斯为都城。左塞尔的上台标志着孟菲斯王朝的开端，之所以这样称呼，是因为他将王国定都在孟菲斯。在古王国时期，下埃及地区将孟菲斯称为“白墙”（Ineb Hedj）之城。

起初，左塞尔和他之前的第一王朝和第二王朝的法老一样，想要安葬在位于竖井中的墓室内，并在其上覆盖一座地面上的人工山丘，这与阿拜多斯的其他完全位于地下的陵墓有所不同。左塞尔的墓本应被陵寝所包围，然而由于决定使用石块而非泥砖修建，使他的墓与所有之前的墓截然不同。显然，这表明君主所拥有的资源远多于此前的君主们，尤其是有一天左塞尔决定将本为四层长形的马斯塔巴最终改为六层。就此，阶梯金字塔诞生。可能有人认为，阶梯金字塔是在马斯塔巴的基础上进行了增建，但实际并非如此，它是经过明确设计故意为之的。左塞尔本人是否参与决定更改皇家陵墓规制我们不得而知，但可以肯定的是伊蒙霍特普是这座陵墓的建筑师和监工。伊蒙霍特普非凡的工作成果在于建造了远比同样埋葬在萨卡拉墓地的提尼特王朝时期国王的陵墓外墙更加复杂的陵墓，他是这一时期已知的一位非常罕见的艺术家。伊蒙霍特普在王庭位高权重，负责艺术、宗教和行政方面的事务。伊蒙霍特普名声显赫，下埃及地区的人将他尊为神明，因此他被认为是医药神。

经过法国建筑师让-菲利普·劳埃（Jean-Philippe Lauer）对左塞尔陵墓建筑群多年研究和复原，现在我们对伊蒙霍特普为他的君主设计的建筑有了相当充分的认识。这一建筑的主体是六层金字塔，高 60 米，位于一个长 500 米、宽约 300 米的区域内。这块区域被一道 10.5 米高的围墙环绕，仅有一个入口（其他十四个入口均为假门）。陵墓围墙围出多个庭院（南部庭院、赫卜塞德庭院、北灵堂和南灵堂），而且还包括一系列石砌建筑物（许多规格很大的结构，这些结构仅有一个入口，堤道以及一个内部的壁龛）。关于这些结构，似乎象征着孟菲斯王宫，是亡故的法老生命力——卡的永久住所，但这些结构中的大部分的功能仍是一个谜，而另一些结构的用途却很明显：这些结构应该能够使巴（ba）——君王的灵魂，在永生中再次经历塞德节的仪式并永葆青春，尽享全部财富。

再生庆典

塞德节（或埃及语赫卜塞德节 [Heb Sed]）是一项持续几天的仪式，其目的在于使法老重返青春，重焕活力。经过仪式，法老重新获得精力和力量，而旺盛的精力和强大的力量正是法老能够手握大权统率群臣所必不可少的条件。塞德节实际上是一种皇家周年纪念。在君王即位三十年时庆祝第一次，之后每三年依次庆祝。举办塞德节时，必须将埃及主要神明的雕像放在一起，并将雕像放置在用木头和芦苇修建的神庙中（在左塞尔陵墓建筑群中，这些神庙使用石块搭建）。法老应对每位神明进行敬奉，获得神明让他继续统治王国的应允，与所有朝臣进行一系列游行，围绕小神殿 D 字形仪式行走（可以在左塞尔金字塔南部庭院中看到这种小神殿），并向东南西北四个方向各射一箭。这一源自史前文明时期的仪式对于埃及君王来说意义重大，其一直持续到晚王朝时期。

有趣的是，考虑到当时人的平均寿命，很少有哪位法老能够在生前举办自己的塞德节。在很久以后的新王国时期的统治者法老拉美西斯二世是其中之一，他在位六十六年，共庆祝十四次塞德节！

左塞尔陵墓建筑群确认了即使当时已经存

新石器时代

公元前2686年—公元前2667年

左塞尔（尼特杰里赫特） 第一座金字塔建造者。

公元前2667年—公元前2659年

塞汉赫特（Sékhemkhet） 他的陵墓没有完工。

公元前2659年—公元前2656年

哈巴（Khaba） 他埋葬在扎乌伊特-阿岩（Zaouiet el-Aryan）。

年代不确定

塞纳赫特/内布卡（Sanakht/Nebka） 他在王朝的位置尚有待确定。

公元前2637年—公元前2613年

胡尼（Houni） 他可能是美杜姆（Meidoum）金字塔的建造者。

左塞尔——王国缔造者以及帝国奠基者

如果说左塞尔因在萨卡拉修建陵墓建筑群（complexefuneraire）而声名显赫，那么应该看到左塞尔在位期间同样为埃及带来了许多变革。在宗教方面，左塞尔将太阳神拉（Rê）的崇拜与君主结合在一起，并厚待希拉康波里地区的僧侣。在陵墓建设方面，左塞尔建造了第一座石质阶梯金字塔作为自己的墓。

法老左塞尔带来的变革触及社会的方方面面。在经历了提尼特王朝末期的动荡之后，左塞尔定都孟菲斯。其在位的时间里发生了许多事件，这些事件显示出了他戎马倥偬不断扩大埃及版图，打击敌人毫不犹豫。在西奈半岛上出土的铭文和图像上能够看到，左塞尔抓着贝都因人的头发，这是胜者面对敌人的姿态。这些铭文和图像大约是在对这一地区组织远征时留下的，目的是要夺取当地的铜和绿松石。在南部，埃及的版图直至阿斯旺，可以肯定的是左塞尔已经开始对下努比亚进行殖民。在左塞尔政权中，有一人位高权重，那就是大臣伊蒙霍特普（Imhotep），他是希拉康波里的大祭司，同时是萨卡拉陵墓建筑群的建筑师。

左图 伊蒙霍特普身着仪式袍，头戴三分式假发的雕像。这座彩绘石灰石雕像出土于伊蒙霍特普陵墓建筑群的墓室中，现藏于开罗埃及博物馆。

在太阳崇拜，但对于君王而言恒星崇拜则更为重要。实际上，金字塔围墙坐南（尼罗河涨水的源头方向）朝北（极星闪耀的方向）。夜晚来临，几颗星围绕着北极星（当时是右枢星），这几颗星具有一年四季都不会从夜幕中消失的特性。所以，埃及人将其称为“不死星”，并希望亡故法老的灵魂能够化身为其中的一颗星星。这样，现世的埃及文明就能够和君王一样世代延绵，永不断绝。极星的重要性同样体现在金字塔的狭室上，狭室是一种封闭无门的

小神殿，位于神殿的神庙附近，用于放置亡故法老的卡（每个人都具有的两种灵魄之一）的雕像。为了保证雕像能够看到外面的情景，在雕像眼睛所在的高度开凿了两个小孔，望向这些星星的方向。

金字塔及其象征意义

金字塔的象征意义曾一度被描述为一段台阶，使亡故的国王由此升天。这一点得到了《金字塔文献》（*Textes*

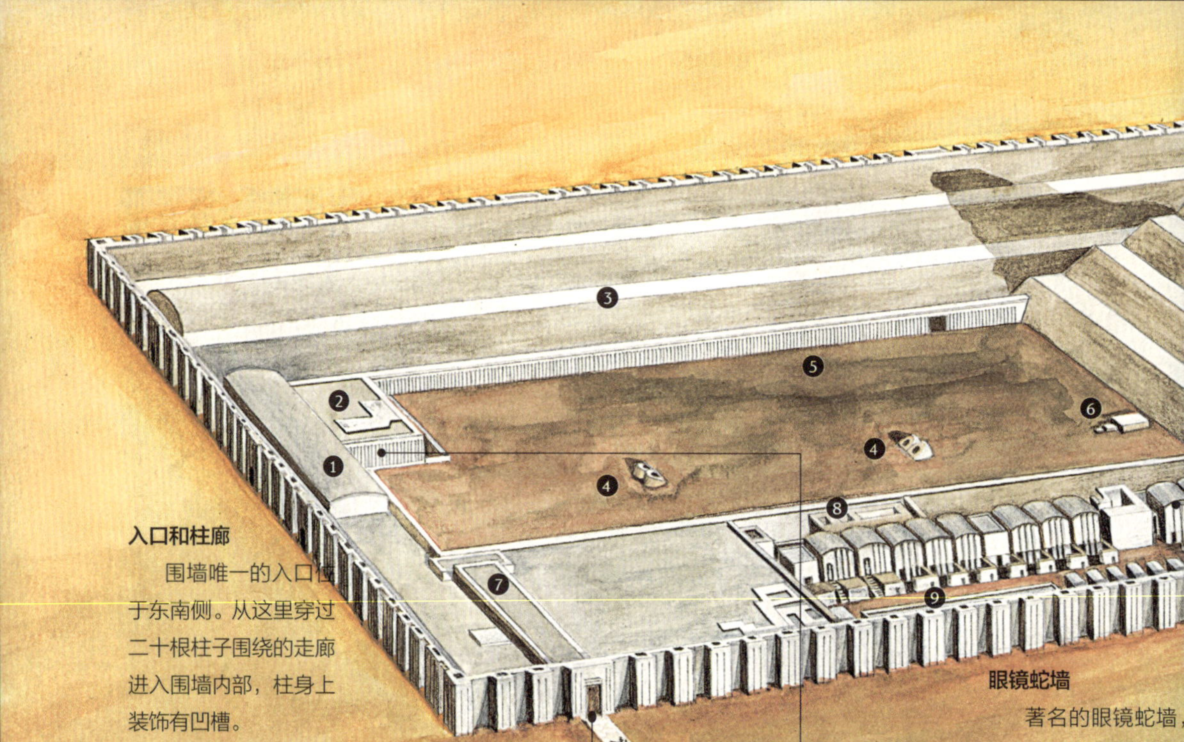

入口和柱廊

围墙唯一的入口位于东南侧。从这里穿过二十根柱子围绕的走廊进入围墙内部，柱身上装饰有凹槽。

眼镜蛇墙

著名的眼镜蛇墙，雕刻在石灰石上的眼镜蛇盘踞于南灵堂之上。眼镜蛇象征着王权，同样代表着下埃及的守护神蛇女神瓦吉特（Ouadjet）。

萨卡拉——冥界的宫殿

阶梯金字塔是萨卡拉巧夺天工的左塞尔陵墓围墙内的中心建筑，是法老的坟墓。在形成最终样式之前，这座建筑几经修改，是伟大的建筑师伊蒙霍特普的杰作。这位伟大的建筑师设计出一个巨大的象征性的阶梯，使他的君王可以登上顶端，这个巨大的阶梯正是金字塔。作为纯粹属于法老本人的建筑，这座金字塔是整个陵墓建筑群的中心建筑，并向外部延伸。算上吉萨金字塔，萨卡拉墓地是古王国大部分法老的最终安眠之地。同时，整个人类历史上第一座石质金字塔也矗立在萨卡拉。

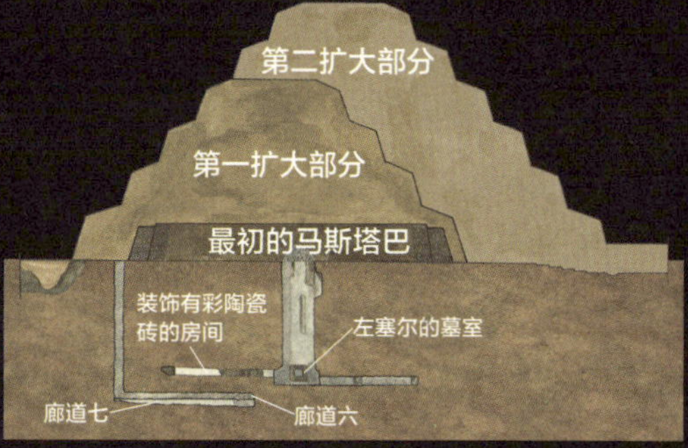

地下天空

主竖井通向主墓室，周围是错综复杂的廊道构成的迷宫，这些廊道构成左塞尔的卡的私人房间。墙壁上装饰有彩陶瓷砖，如同反射着假想的太阳的光线。这些迷宫般的墙道透出的不是死亡气息，而是蓬勃的生命力。

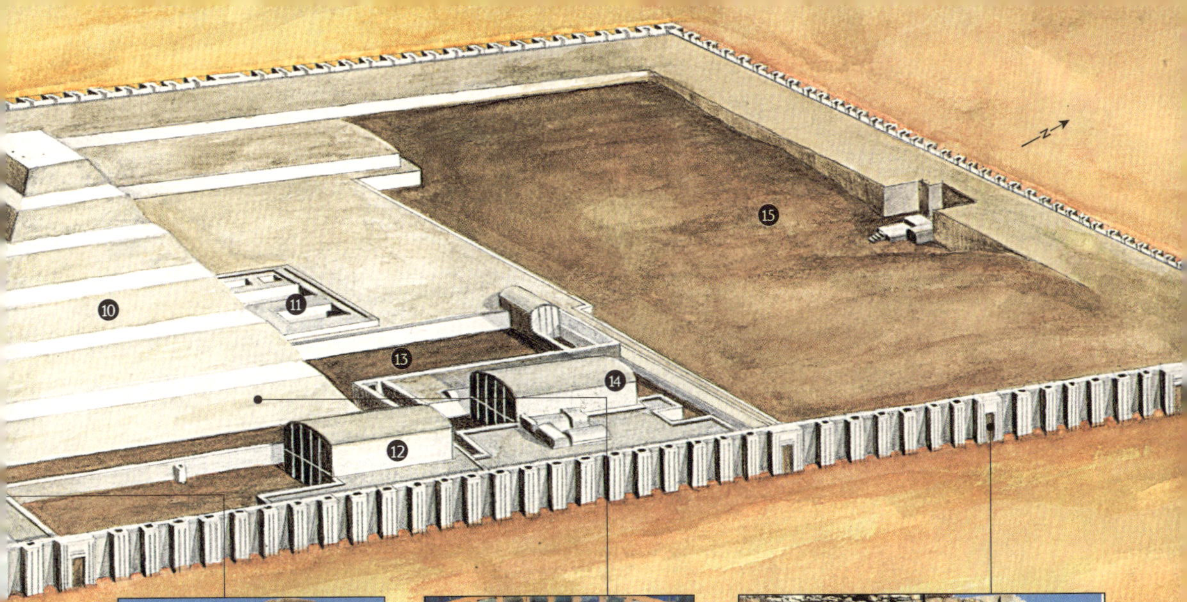

凉亭或祭台

其位于赫卜塞德庭院，具有三种不同的建筑风格，每个建筑内部为一个小型内殿。

装饰

代表宫殿大厅的房间装饰有蓝色和绿色的彩陶瓷砖，这是萨卡拉一种最精致的装饰。

墙

使用采自图拉地区的亮色石灰石修建，墙体围出一个15公顷的空间。墙体装饰有十四个假门，重现了宫殿的立面。

① **南墓** 竖井深28米，装饰有多个法老浮雕图像。墓内大约存放着左塞尔的礼葬瓮。

② **南墓祭台** 外壁装饰有表现下埃及守护女神、蛇女神瓦吉特头部的装饰。

③ **西平台** 没有发掘，西平台涂有许多颜色的颜料，每侧都有房间。在这里，可能还有仓库。

④ **小神殿** 使用石灰石块修建，其具有D字形，标示出法老在塞德节上的行进路径。

⑤ **南部庭院** 庭院的南部陪分建有阶梯金字塔和南墓，这里会举办塞德节的某些仪式。

⑥ **萨伊特廊道入口** 通向为左塞尔开凿的礼葬深井，直通地下具有装饰的墓室。

⑦ **入口柱廊** 进入围墙的堤道，在其一侧装饰有6.6米高的立柱。

⑧ **神殿或皇家宫殿** 功能不明，但可以肯定的是这座建筑是在塞德节期间使用的。目前，仅残余三根装饰有凹槽的立柱。

⑨ **赫卜塞德庭院** 长方形庭院，用于举办塞德节，包括上、下埃及君王即法老的加冕仪式。

⑩ **阶梯金字塔** 这一巨大的建筑是整个陵墓建筑群最重要的建筑。它是伊蒙霍特普的杰作，存放着左塞尔的遗骸。

⑪ **陵墓神庙葬祭庙** 位于金字塔的北立面，分为庭院和沐浴室两个空间。

⑫ **南灵堂** 与北灵堂相似，其功能仍是个谜。法老可能在此处接受国家南部地区的税金。

⑬ **狭室通道** 因其容纳一座小神殿（狭室）而得名，其中有一座亡故法老左塞尔的大雕像。

⑭ **北灵堂** 正面装饰有立柱。这座建筑的功能仍然不为人所知，可能与国家北部地区的赋税有关。

⑮ **围墙区** 在这个大庭院中，唯一可辨识的建筑是一个小祭台，其在六个端面之一处带有一个斜面。

塞德节仪式：法老超自然能力瞻礼

塞德节是与法老有关的最重要的仪式之一，君王需要向他的臣子和神明证明他有能力治理国家。此外，作为宇宙秩序维护者，他必须有能力保持混乱之力和宇宙和谐（maât，玛特）之间的平衡。

法老左塞尔陵墓建筑群是塞德节永恒的代表。在人间执政三十年后，君王必须证明他还有能力执政。通过完整的仪式，国王执政能力获得认可。加冕仪式和一系列体能测试如仪式性的跑步，是仪式的构成部分。后来，庆典渐渐变得更加重要，而且在左塞尔执政时期甚至决定能够获得在冥界的重生。因此，伊蒙霍特普在设计萨卡拉陵墓建筑群时先办了塞德节就不足为奇了。除了皇家地下墓穴之外，这位建筑师还设想了带有跑步终点的仪式场地，以及与加冕和庆祝仪式有关的建筑。

插图 萨卡拉的雪花石膏瓶，上面有关于塞德节寓言的象形文字。在底座上，❶一个半跪在地上的人举起手臂的标志表示“数百万年”。在他的头顶上，❷他戴着通向上埃及和下埃及王座的华盖（baldaquin），后面是一个双层天幕。这个寓言的意思是，他希望国王能庆祝数以百万计的塞德节，也就是永远统治下去。现藏于开罗埃及博物馆。

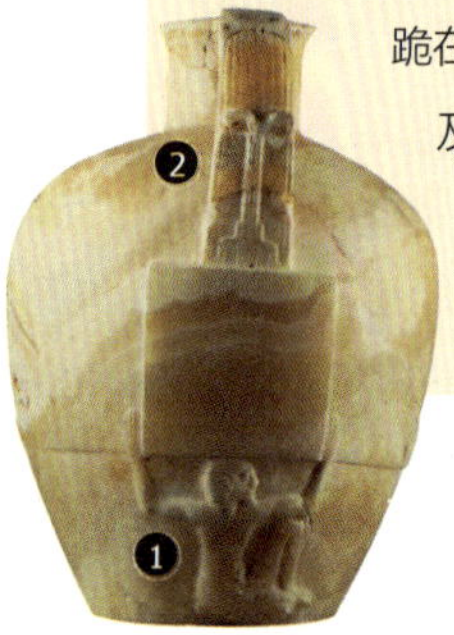

des pyramides）的肯定。此外，“升天”的限定词（埃及语中的限定词只写不读，加在单词后，用于指示语义场）正是阶梯金字塔的形状。还需要明确的是，金字塔同样是山丘的象征。根据埃及人的宇宙观，神明阿图姆（Atoum）正是在山丘上创造了世界。因此，金字塔是一个绝妙的从地面到苍穹的升天起点，也是被神化的法老永久的居所。最后，从更普通的角度来说，在钢铁、水泥都还没有出现的时代，想要修建很高的建筑，唯一的方法就是逐级减小台阶的表面积。

左塞尔的统治带来了许多与提尼特王朝时期相比翻天覆地的变化。左塞尔完全改变了皇家坟墓的外观，在他之前皇家坟墓的外观完全看不到。在左塞尔之后，距离皇家坟墓好几公里处都很难不注意到它的存在。随着这些变化，左塞尔甚至彻底变革了社会的组织结构，并且彻底掐灭了所有倒退的可能。建造金字塔绝非易事，尤其是需要使用石料，而石头在当时鲜少作为建筑材料，多用于铺设地面或作为雕刻雕像及石碑的原材料。想要获得这种材料，就需要一群人专门去采石场开采石料，另一群人负责移动这些石块（在修建的初始阶段，由于这种材料的性能不甚明确，因此石块与砖块的大小相当），还需要最后一群人负责将石块搬运到建筑工地，并把它们放置到位。如此，需要安顿劳工，为他们解决食宿问题，这样他们才能完成任务。因此，之前在地面稍加处理，再加上一名监工便足以进行泥砖建设，而现在想要修建 60 米高的庞然大物，还要保证它不会坍塌，就需要更加精细的计算。这一切都要求对当时仍然相对简单的行政管理结构进行变革。由于修建金字塔费用高昂，因此需要的资源必然增加，课税更加繁重。为了完成这一切，左塞尔的群臣设计出一种当时很少用到的管理工具——书写。如果没有书写，没有抄写员，那么想要实现君王的愿望难于登天。自第三王朝起，最重要的文件都是用埃及语书写，语境也变得十分复杂，不再是一个简单的名字或物品名称后面跟随的数字。

由于修建阶梯金字塔，埃及这个已经在政治上获得统一的历史长达几百年的国家，终于走上了一条金光大道，使它成为世界上第一个中央集权的国家。这是一个非常漫长的历史过程，在这三千多年法老埃及的历史中，曾至少中断过三次，我们将其称为“中间期”。在左塞尔死后，当时还处于这一演变的早期阶段，埃及险些失去了继续发展的动力。

左塞尔身后短暂执政的继承者

左塞尔继任者掌权之后，左塞尔当时做出的变革似乎继续发挥着作用，而在萨卡拉金字塔西南方向十几公里处的塞汉赫特陵墓建筑群的遗迹就是明证。根据计划，这个建筑群在设计时至少要比左塞尔阶梯金字塔大 10 米。根据砖石上的一处铭文得知，伊蒙霍特普再次负责设计金字塔，并领导新墓的修建。在筹措新的资源方面，新君似乎没有遇到任何问题，而且他似乎准备好将这些资源用于修建比第一座金字塔更雄伟宏大的陵墓建筑群。然而，塞汉赫特（Sékhemkhet）即位仅七年之后便

左塞尔的群臣

这些大臣在法老提出的变革落实中发挥了重要的作用。其中，作用最大的要数海思拉（Hésiré），他的职务为“皇家抄写长”。我们可以从这块木板上的浮雕看到，这块木板是装饰萨卡拉左塞尔坟墓六块木板中的一块。现藏于开罗埃及博物馆。

亡故了，这扰乱了所有的计划。塞汉赫特的金字塔没有建完，超大的结构、堤道、地下仓库均遭到废弃，保持在未完成的状态。

在塞汉赫特之后的下一任君王是哈巴（Khaba），他在位不过短短四年。与前任一样，哈巴一即位就开始修建金字塔，但可能出于政治因素的考量，他将地点选在了萨卡拉以北十几公里处的扎乌伊特–阿岩（Zaouiet el-Aryan）墓地。从这座坟墓的残骸可以推知，这座金字塔原本也设计为至少六层。超大的结构形状有些奇怪，似乎没有经过仔细的研究，其与塞汉赫特金字塔相似，并在这座金字塔三个侧面（西、北和东侧）呈梳齿状分布着一系列仓库。

哈巴的短暂统治对于巩固君主制而言并无助益。第二王朝末期出现的问题发生的时间并不久远，因此局面仍未稳定。哈巴之后有两位统治者，如果将在哈巴之后可能即位的塞纳赫特 / 内布卡（Sanakht/Nebka）计算在内，那么则有三位君主在最终掌权之前便撒手人寰。这一系列短暂的统治正显示出该地区仍然存在的紧张局面。但在胡尼（Houni）登上王位之后，他将这种君主制缓慢转衰的局势扭转，之后他的统治持续了将近二十五年之久。

胡尼在美杜姆（距首都墓地约 60 公里）修建金字塔，可能是因为这位君王希望将最能够象征君主权威的建筑物修建在尽可能靠南的地方，同时以避免彻底失去与孟菲斯的联系。因此，胡尼除显示出其重振王权的愿望之外，还成功地开垦了一块新的地区，该地区极为肥沃，那就是广袤的法尤姆绿洲。胡尼的名字意为“打击者”，他在政治上的成功使他豪奢地将自己的金字塔跳过七层直接扩大到八层。胡尼金字塔是七座金字塔中最大的一座，其余六个为小一些的石质金字塔（其侧边为 22 米，三层高）。这些金字塔沿埃及整个领土而建，从中埃及直至上埃及的象岛。这几座金字塔使胡尼切实地展示出君主在整个国家的存在。

但这些关于胡尼的统治情况都只是猜测，因为实际上我们基本对他一无所知，只知道他是第一位在碑铭的王名圈上自己的头衔中加上“两地之王”字样的君王。

精力充沛的新修建者

斯尼夫鲁（Snéfrou）是第四王朝的首位国王，他是胡尼之子和继任者。自斯尼夫鲁开始，就进入了一个大肆修建金字塔的时期，这一时期修建的人工建筑在之后的几千年里都一直是世界上最高的建筑——那就是代赫舒尔（Dahchour）金字塔和吉萨（Gizeh）金字塔。

关于斯尼夫鲁这位新的两地之王，我们从巴勒莫石刻中得知他与远在地中海地区的比布罗斯的腓尼基形成了贸易往来，曾有四十艘载有来自黎巴嫩的雪松木的船抵达埃及。巴勒莫石刻还描述了与“挑衅的”努比亚人之间爆发的暴力冲突，最终俘获了 7000 名囚犯和 20 万头牛的战利品。就其一侧，巴勒莫石刻上另一段铭文展示了他曾俘获 1100 名囚犯和 13 000 头牛。可以看到，政治动荡的局面在尼罗河谷

现实主义艺术风格的拉霍特普（Rahotep）和诺夫勒特（Nofrit）

19 世纪末，工人们进入美杜姆拉霍特普（Rahotep）王子的马斯塔巴时，简直吓得失了魂魄。两座雕像出现在他们面前，栩栩如生，工人们还以为是两个活人。亡故的拉霍特普和他的妻子凝视着他们，双眼熠熠发光。

尽管埃及官方艺术受到许多规制方面的限制，使得作品无法做到彻底的重现现实，但有些古王国时期的艺术作品与人像非常接近。拉霍特普和诺夫勒特（Nofrit）面部使用的线条为作品增添了许多贴近真实的细节。躯干部分的塑造同样非常注重细节，包括腿部的肌肉以及诺夫勒特衣裙下婀娜动人的身躯都塑造得栩栩如生。诺夫勒特身上佩戴的珠宝、服饰和假发都忠实地反映出当时女性流行的装扮样式，但其他细节仍然符合皇家雕像的惯例：目光望向无尽的虚空、人物动作姿态僵硬、皮肤的颜色男褐女白。

插图 第四王朝末期的彩绘石灰石雕像，现藏于开罗埃及博物馆。

地区已经不复存在。新王朝始于强大的政府，法老在君主制的新王国时期拥有着大量的财富。因此，在斯尼夫鲁时期完成的修建计划规模极大。在意识形态方面，巨大的变化贯穿了斯尼夫鲁的整个统治时期，也许正是这些变革为国家的腾飞奠定了基础。

斯尼夫鲁下令在距离美杜姆以北 45 公里的代赫舒尔修建自己的金字塔，远离其父胡尼的金字塔，这也似乎显露了他回归首都墓地的意愿。斯尼夫鲁的第一座金字塔并非真正意义上的表面光滑的金字塔，但这座金字塔在三分之二的高度上，具有（斜面的）倾角变化，使其具有典型的金字塔外观。有的研究人员认为，这种斜面角度的变化是建筑师为使建筑上部细小并同时避免上部坍塌，其是在经过无数次令人绝望的尝试之后的结果。但是，这些从意识形态来说更能说得通。在这个时期，这是唯一一座具有两个墓室的金字塔，每个墓室都有自己的入口，一个入口位于北部，另一个入口位于南部。因此，非常可能的是这种斜面的变化实际上是双墓室特殊性的外部体现，而这是一种象征，证明斯尼夫鲁是无可争议的两地之王。

但是,事情没有按照料想中那般发展。菱形金字塔修建在一片不稳定的土地上，很快建筑上就出现了第一批裂痕。面对金字塔可能坍塌的恐惧，国王斯尼夫鲁出于担心下令修缮其父胡尼位于美杜姆的金字塔，使其符合他所开始推崇的太阳崇拜的新意识形态标准。因此，胡尼金字塔获得加固，并成为第一座具有光滑表面的金字塔。此外，它还是第一个为完成礼葬而在意识形态上具有全部不可或缺的要素的陵墓建筑群。

最终，美杜姆陵墓建筑群具有如下要素：下庙，即“临河处的”下庙，它是一种具有象征意义的入口；堤道，连接临河处的下庙和位于金字塔脚下的上庙；上庙，用于祭祀亡故的君主；围墙，其功能在于保护混乱之地；表面光滑的金字塔（石化的阳光，希拉康波里太阳神拉的神庙中深受喜爱的巨型复制品，如同马斯塔巴上部结构的人工山丘）以及一个作用仍不明确的附属金字塔（也许是用于代替左塞尔阶梯金字塔的南墓）。

这时，斯尼夫鲁已经完成了两座金字塔建筑群，但是没有一座让他感到完全满意。因为斯尼夫鲁将第一座视为其父胡尼空冢的僭用，而第二座由于存在坍塌的风险，被视为“不完美”。于是，财力雄厚的斯尼夫鲁决定修建第三座也是最后一座金字塔，并将修建地点选在了曲折金字塔以北 1.5 公里处的代赫舒尔。在这座建筑中，斯尼夫鲁采用了水平基座（在阶梯金字塔中，石质基座都向建筑物中心倾斜），这种水平基座已经在曲折金字塔的上部以及美杜姆金字塔外层经过验证。斯尼夫鲁还为这座金字塔选择了光滑表面。这座建筑物高 109 米，底边长 220 米，由于其石灰石的颜色被称为红金字塔。斯尼夫鲁在位二十四年，死后葬于红金字塔。但是，这座金字塔并不是斯尼夫鲁修建的最后一座金字塔。斯尼夫鲁还曾修建了一座金字塔，位于美杜姆金字塔东部几公里处，但这座金字塔规模小很多，与胡尼金字塔大小相仿。

斯尼夫鲁能够轻而易举地修建数量如此之多的金字塔，并不令人吃惊。修建金字塔需要良好的组织工作，而埃及的官员都是极为优秀的管理者。在每块石块或每组石块上，都刻着从采石场运出的日期，负责将石块运至工地的工人组的构成，以及这些石块应放置的地点。对红金字塔石块上的铭文进行的研究表明，这座金字塔建成仅用时十一年！

美杜姆的鹅

这些鹅是美杜姆地区尼弗玛阿特（Néfermaât）的马斯塔巴中的墓葬装饰图案。这些鹅绘制得细致入微而又无比自然，用于装饰。现藏于开罗埃及博物馆。

意识形态的改变：太阳崇拜

斯尼夫鲁留给后世的不仅是他高效的治理、强大的对外活动以及大量的石质建筑，其在位期间还为主流意识形态带来了巨大的变化。在第三王朝时期，君主及其进入冥界似乎与重返极星的能力密切相关，这在左塞尔陵墓建筑群中已有说明。但在第四王朝早期，斯尼夫鲁及其继任者将他们永恒的生命与太阳崇拜联系起来。这解释了斯尼夫鲁的陵墓建筑群的外观有所

变化的原因。尽管如此，在建筑群中，恒星崇拜的观念以及建筑理念没有完全消失，因为埃及人对于放弃已经被证实非常有用的意识和观念的态度仍然十分抵触。因此，所有金字塔的入口堤道仍然朝北，即朝向不死星的方位。

自斯尼夫鲁统治时期开始，皇家陵墓建筑群附近是家人和近臣的坟墓，表现出太阳运行轨迹。太阳从东方诞生并升起，下庙同样位于东方，人们借助于类似太阳船的船进入下庙。堤道象征着太阳每天在苍穹中经过的轨迹。亡故法老的礼葬仪式在下庙举行，下庙位于建筑群的正西方，也正是太阳下落消亡的方向。金字塔作为让法老重返天庭众神之列的登天要素，是通往冥界之路的入口。总而言之，它将所有观念体现在建筑设计中，同样的理念在不同建筑物的墙壁浮雕中也有所体现。

胡尼金字塔

胡尼金字塔建于美杜姆，也被称为崩塌金字塔。实际上这座金字塔修建的最后步骤是由胡尼的儿子斯尼夫鲁完成的，他将这座金字塔打造为光滑的表面。如今，由于外壁坍塌脱落，这座金字塔变成了今天我们看到的样子。

古王国金字塔的几何和地理特征

在金字塔拥有最终“完美”形态之前，出现了一些向金字塔过渡的建筑物。萨卡拉第一座阶梯金字塔是在一个马斯塔巴之上增加了几层，而墓室位于地下。美杜姆金字塔是表面光滑的第一座具有开创性范例意义的金字塔，代赫舒尔金字塔对外形进一步完善（右图，斯尼夫鲁曲折金字塔）。最后，代赫舒尔的红金字塔终于拥有了金字塔的完美形态。

阶梯金字塔——萨卡拉 多层叠建。

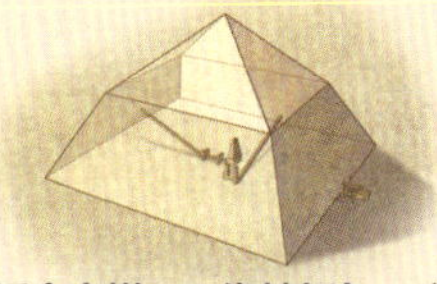

曲折金字塔——代赫舒尔 表面光滑，倾角发生变化。

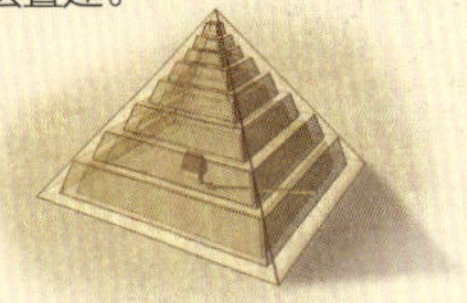

红金字塔——代赫舒尔 第一座表面光滑的金字塔。

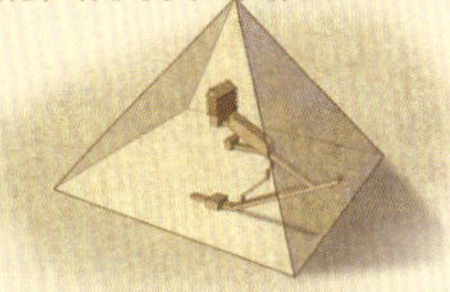

完美金字塔——吉萨 在代赫舒尔红金字塔基础上创造而成。

在经过斯尼夫鲁无比成功的统治之后，他的继任者拥有着令人艳羡的整个国家的资源，此时国家的行政、经济和思想方面的能力相当完善。这位继任的君主名叫库努姆-胡夫（Khnoum-Khoufou），意即“库努姆神守护我”，希腊历史学家把这个名字标注为基奥普斯（Khéops）。人们为胡夫修建了古代最高的建筑物，世界七大奇迹中唯一仅存的一处。然而，长期以来，人们仅发现了一尊8厘米高的胡夫的象牙雕像。直到近来，专家们才经过研究认定之前无法确认身份的两个小头像

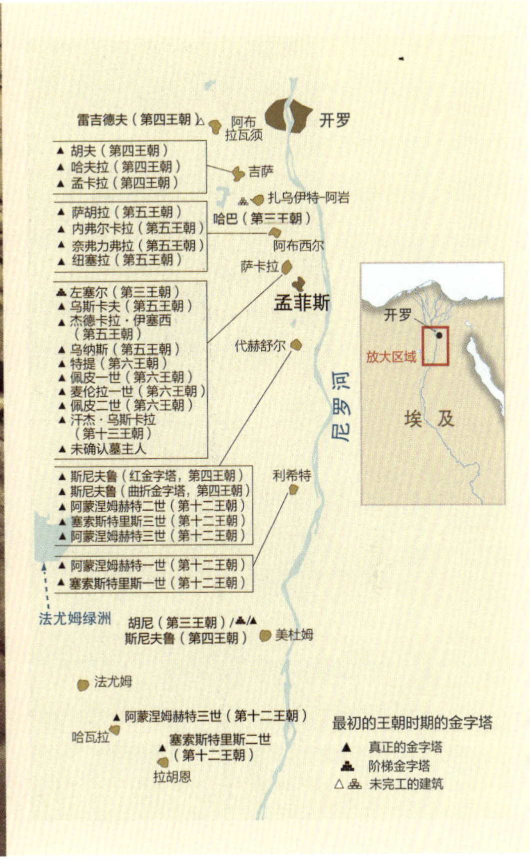

是胡夫的头像。

尽管有证据表明，胡夫的统治不仅覆盖了整个尼罗河谷，而且叙利亚-巴勒斯坦地区的考古遗址也属于他的统治范围，但是胡夫最大的成就仍然是为他自己建造的巨大金字塔。这座建筑修建于距孟菲斯几公里远的一处单独的高原上，整座金字塔高 146 米，底边长 230 米。对于胡夫来说，修建的时间似乎并不是问题。实际上，最近有证据表明胡夫在位时间至少为二十三年至二十七年之久。

塞什姆内弗尔四世（Seshemnefer Ⅳ）的马斯塔巴（第 51 页）

这位第六王朝的高官及其家人的马斯塔巴位于吉萨（Gizeh），距胡夫金字塔（第四王朝）东南几十公里处。坟墓的入口处摆放了两具坐像和许多小型的方尖碑。

斯尼夫鲁石碑上的法老标志

斯尼夫鲁在取代代赫舒尔曲折金字塔而修建的金字塔上竖立了一座石碑，目前这座石碑保存在开罗埃及博物馆中。在这座石碑上，雕刻着法老在王座上的坐像、姓名和法老曾经使用过的不同名字的铭文，以及确认法老是整个埃及之王的标志。

❶法老头戴双冠，象征着法老是上、下埃及的君主。他手持链锤（鞭子或鞭毛），象征着皇权。在石碑上部，刻有❷斯尼夫鲁的名字，假发的神奇之力保护着他的名字。国王被称为❸正义之主（玛阿特）的铭文下方是法老的头衔之一❹“属于芦苇（或灯芯草）和蜜蜂的人”，或上、下埃及之王。灯芯草和蜜蜂象征着上、下埃及，证明斯尼夫鲁是两地法老。在这一头衔之下是另一个象形文字，同样表示国王是整个埃及的君主：❺“两个女神”（或两位女士）或Nebty，并带有眼镜蛇和秃鹫的图案，她们是上、下埃及的守护神。

第四王朝法老

公元前2613年—公元前2589年

斯尼夫鲁

人们为他修造了三座金字塔，他和左塞尔都是古王国时期主要的修建者之一。

公元前2589年—公元前2566年

基奥普斯（胡夫）

他实现了王权的中央集权，修建了大金字塔，并开始使用吉萨墓地。

公元前2566年—公元前2558年

杰德夫拉（Djédefrê，雷吉德夫[Radjedef]）

这位法老很有可能负责埋葬了胡夫，他决定将自己的金字塔修建在阿布拉瓦须（Abou Raoch）。

公元前2558年—公元前2532年

卡夫雷（Khéphren，哈夫拉[Khafrê]）

如其上一位君王雷吉德夫一样，哈夫拉为自己增加了许多头衔，包括“拉之子”。雷吉德夫是第一位使用这一头衔的法老。

公元前2532年—公元前2503年

米凯里诺斯（Mykérinos，孟卡拉[Menkaourê]）

他修建了第三座吉萨金字塔，这座金字塔规模更小，但表面覆盖着阿斯旺花岗岩。

公元前2503年—公元前2494年

谢普塞斯卡弗（Chepseskaf）

他放弃了金字塔形式，被埋葬在萨卡拉的一座马斯塔巴中。

大斯芬克斯——安眠的守护者

任时光流逝，居住在埃及的人民几经变换，斯芬克斯一直矗立在吉萨巨大的金字塔前，没有受到任何打扰。在它专注的凝视之下，法老们无虞地尽享永恒的安眠。

吉萨的斯芬克斯是一座狮身人面像，象征着拉－哈拉胡提（Rê-Horakhty），与法老守护者荷鲁斯、太阳神相关的神明，与金字塔以及墓地守护者相关。斯芬克斯的人面是根据埃及法老雕刻的，头戴❶那美斯（头巾）且戴着一副假胡子，这两个饰物正是君王的标志。它的前爪之间是❷梦石碑，是第十八王朝法老图特莫斯四世（Thoutmôsis IV）在位时所立，碑上刻有法老感谢斯芬克斯宣布其为埃及王的致辞。最近，❸斯芬克斯的爪子已经被修复。修建斯芬克斯使用石灰石的质量不佳，因此需要对长时间的磨损和人为造成的损坏进行修复。

很明显，胡夫认为他不仅是神在人间的化身。胡夫认为自己就是太阳神拉，是太阳崇拜所崇拜的对象，以至于可能在其生前就已经神化。其金字塔位于吉萨墓地，而这个选择绝非偶然。实际上，吉萨墓地所处的位置正是能够望见希拉康波里的最靠北的位置，而太阳神拉的神庙正位于希拉康波里。胡夫似乎希望他自己位于尼罗河西岸的陵墓建筑群，能够与尼罗河东岸的庙宇比肩。这样，太阳每天在拉神神庙所在的方向诞生，每晚在君主的金字塔方向逝去，因此这座金字塔以“胡夫地平线”或“基奥普斯地平线”（阿赫特–胡夫[Akhet-

Khoufou])为名并非偶然。由于大金字塔内部结构极为特殊，胡夫为古王国时期唯一一位墓室位于金字塔正中心而非地下或处于地基位置的君主。因此，待到胡夫在石棺中长眠时，他并不需要太阳光线抵达天界，因为他本身就是天神之一。胡夫统治思想的特别之处使我们能够理解吉萨高原上另一座重要的建筑物——大斯芬克斯（Grand Sphinx）。一般认为，斯芬克斯属于哈夫拉，但可能这座大斯芬克斯属于哈夫拉的父亲胡夫。

埃及人认为，斯芬克斯是守卫者，吉萨的斯芬克斯也不例外。但是，这座斯芬克斯守护

法老胡夫

这座雕像高 7.5 厘米，是胡夫极少数已知的雕像，他似乎是一位专制君王。现藏于开罗埃及博物馆。

的是谁？答案就在它巨大的前爪之间竖立的这一座建筑物。这座建筑物可能只是一个供奉给太阳神的神庙，它包括好几个用来祭祀早上、中午和晚上的壁龛。因此，这座神庙是太阳朝生暮死之所的象征，即地平线。胡夫金字塔被称为“基奥普斯地平线”，斯芬克斯和他的神庙因此可以解释为一个三维的文字游戏，君王因此获得大斯芬克斯这个守护者永恒的守护。

第四王朝的君权更迭（首先是斯尼夫鲁，之后是他的儿子）都围绕在君王这个绝对核心周围，这一时期王室成员的坟墓分布发生变化也就可以理解了。第三王朝时期，王室成员的坟墓与法老金字塔相距甚远，到了第四王朝这种情况发生了很大的变化：精英阶层的成员想方设法地靠近君王的金字塔，而君王的金字塔则变成君王近臣和整个社会复活的核心。因此，在大金字塔东侧和西侧，井然有序地建起一座座马斯塔巴，形成皇室成员、高官等精英阶层的墓地。他们靠近法老金字塔，使他们能够进入冥界，获得永恒的生命，这也是君王的一种恩赐的象征。

因此，这些附属的墓地与金字塔之间的间距便成为上层阶级要思考的心头大事。对于农民和工匠来说，他们更多要考虑的是必须获得良好的收成用来缴纳赋税，而不是了解在这个他们无法企及的院落中到底会发生些什么。

国家组织构成

在狭长的延绵1400公里的国土上，遥远的王庭对于几乎所有埃及人民而言不过是一个抽象的概念。在法老时期，通信绝对不是以速度快而著称的。当时的社会还不懂使用马匹，交通只能靠驴子，而且还没有使用轮子，城邦之间也并没有必知的道路。这没有什么令人惊讶的，因为随着尼罗河水的泛滥，这些城市一年之中有几个月时间都被河水淹没。道路维护基本是一项永远无法完成的任务，只有取道沙漠或顺河漂流才会对通信有所助益，这也解释了为什么当时一切都很慢。从首都出发的船只，要经过差不多两个星期才能抵达国家南部的阿斯旺。

在第四王朝时期，埃及人只有在皇室官员被委以特殊任务来到村庄时才得一见。在其余的时间里，管理村庄及村庄附近地区的权贵家族掌管着他们的生活。例如，在埃及没有对水资源的集中管理，因此皇家官员没有必要要求各地人民遵守王庭颁布的农业政策，而对于河水泛滥和种植农田的管控属于地方权力。在日常生活中，仅有居住在距离首都一两日路程范围内的村民们，才能经常看到君王的官员们。然而，每年两次作为征收沉重赋税序幕的牲畜数量清点，就让人深深地感觉到法老对其臣民甚至对臣民的畜群施加的惊人威力。

许多浮雕都表现出埃及官员习惯于用棍棒打人的方式，要求纳税人缴纳应交给法老的赋税。例如，从浮雕上可以看到一位农民弯着腰站在国王使臣面前，面对着一群身强力壮的人——他们手臂高举，手中拿着骇人的棍棒准备打人。

第四王朝时期的君主已经意识到收税带来的问题，但由于修造雄伟的建筑物需要大量财力，他们不得已只能继续征税。因此，他们在距离自己最近的领土，即在三角洲一带开辟了新的农业生产中心，这样收税官员就能够在几天之内到达这些地区。

君主是行政管理最高领袖，他的大臣是他的左膀右臂，负责监管不同部门的负责人。在第四王朝时期，仅有“国王之子”才有权担任大臣一职。这一职务不仅可以授予法老的后代，而且可以授予获得君主信任的人员，无论他是否君主的家庭成员。

这一时期最伟大的成就无疑是为法老们修建了巨大的坟墓。通过对修建吉萨墓地陵墓的工人坟墓和住宅进行发掘，我们了解了关于他们的大量史实。人们发现，这些工人居住在专门的村庄中，进入有专人管理。抄写员负责确认谁是劳动者，以及他们干得好坏以及他们的效率如何。工人们的食物富含动物蛋白，如肉和鱼，这样他们才有足够的精力完成工作（当时埃及普通民众几乎仅以蔬菜为食，只有过节的时候才能吃到几块肉）。事故时有发生，工人们享有医疗救治，即使截肢也能继续存活，而骨折工人的断骨则能够获得很好的接合。此外，人们还发现，由于长期重复繁重的体力劳动，工人们的脊椎多呈现一定的变形。同时，工人还享有埋葬在金字塔附近的特权，因此能够获得法老重生之力，而监工则与普通工人分开埋葬。

胡夫礼葬船：出生、死亡和复活的循环

在胡夫大金字塔周围，有一排墓坑里面埋葬着普通大小的船只，但零件完全拆开了。现在，已经逐块地修复了其中的一艘船，可以在金字塔旁边专门修建的博物馆中细看一番。其他的船只还埋在地下，被保护了起来。

这些船只存在的意义，如今仍是个谜。有的研究人员认为它们与太阳每天东升西落有关，而另一些研究人员则认为与法老通往冥界的旅程大有关联。❶船首和船尾是纸莎草梗的样式，用来建造船只的木料甚至是来自黎巴嫩的雪松木。实际上，它们是前王朝时期在尼罗河上航行的纸莎草船的复制品。❷船舱位于小船的一端，仿造芦席的纹路装饰。船舱里放置着运至金字塔的石棺。❸船的最大吃水深度为1.48米，全长为43.3米。这些船只是正常航行的状态，在河中留下了通过的痕迹。这艘船只应当是胡夫使用的，法老乘坐这艘船完成了自己在尼罗河上的最后一段旅程，最终抵达他永久安眠之所——金字塔。

吉萨墓地（第56—57页）

吉萨墓地是孟菲斯部分国王永久安眠之处，如今被开罗郊区的房屋围绕着。照片上从左至右为胡夫金字塔、西墓地、哈夫拉金字塔以及更小的一座属于孟卡拉的金字塔。在这些金字塔附近，是一些属于贵族和高官的马斯塔巴墓。

属于太阳之子的王朝时期

在经历了漫长的统治之后，法老胡夫与一妻多妾生下了许多孩子，这些活下来的孩子成为胡夫王位的继承人，也不免要面临谁被选定继位的重大时刻。考虑到长子在埃及社会中无可否认的重要地位，人们普遍接受的是由长子继位。然而，在这个时期，很难说继承制度已经最终成形。唯一能够确定的是，亡故君王的葬礼由新登基的法老操办。下葬时，国王需要扮演亡故法老的儿子，即使他并不是法老的亲儿子，这样做才能使他成为合法的继承人。因为继承制度没有

孟卡拉组像

孟卡拉组像是古王国时期最精美的一组雕像。这组雕像出土于法老金字塔河岸庙中，在这里一共出土了四组完整的雕像和一组雕像残片。它们全部都是法老孟卡拉的雕像，身边是两位神祇：一位是女神哈托尔（Hathor），另一位是埃及诺姆（行政区划）的拟人形态。组像有多种造型组合：有时法老站立，两位神祇位于其身两侧；有时女神哈托尔居中，孟卡拉则位于女神身边。雕像采用圆雕技法，人物从硬砂岩中脱身而出，而硬砂岩是一种颜色较暗的石料，很难加工。这些组像与女神哈托尔有关。女神哈托尔是金字塔地区受到崇拜的一位神祇，也是埃及无花果女神和丰饶女神。女神哈托尔站在法老身边，保证孟卡拉在冥界拥有足够的粮食和贡品。尽管近来出土了五组雕像，但专家们认为原本应有八组雕像，对应河岸庙庭院中的八座神殿。现藏于开罗埃及博物馆。

❶ **女神哈托尔** 女神头戴牛角以及太阳盘造型的头饰（牛是供给女神的动物）。经确认，她的面孔与法老的母亲面孔一致。女神的脸具有王后脸孔的特征，这没什么值得惊奇的，而我们对这位王后有所了解也不难解释，因为我们在孟卡拉金字塔的神庙中发现的一尊王后的雕像，并通过这个雕像辨认出了她的特征。

❷ **法老** 法老出现在中心位置，左脚稍微向前迈出，这一自然的动作表示他在向前走。他头戴上埃及的白冠。

❸ **诺姆** 右侧的人像象征着诺姆。按照埃及艺术阶级明显的透视规律，这座人像比法老的人像小一些。

诺姆的守护神

迪奥斯珀里斯·帕尔瓦（Diospolis Parva）诺姆出现在组像的右上角。尽管原本认为在古埃及有多少个诺姆就有多少个组像，但后来认为组像的数量应该是八个，对应哈托尔崇拜的主要地点。

奈弗尔堤阿比石碑

奈弗尔堤阿比（Néfertiabet）很可能是法老胡夫的女儿，她身穿豹纹长袍坐在祭台之前。这种服饰与殡葬祭司相关，这一职务同样由女人担任。石碑为石灰石质地，现藏于巴黎卢浮宫。

完全确定，这使得每位君王都可以选定其认为最适合担任国王的人继承王位。但是，如果法老直至过世都没有作出决定，那么不同家族和不同嫔妃支持的多名王储之间便不免关系紧张。尽管事实并不像20世纪初人们想象的那般复杂，但是胡夫身后国王继位时可能出现了这种情况。

凭借吉萨马斯塔巴记述中发现的法老浦西，我们知道胡夫的长子名叫卡瓦布（Kawab），他是胡夫第一任妻子梅里塔泰斯一世（Méritâtès Ier）所生。但是，当时现代医学尚未出现，人从出生到死的平均寿命不过四十岁。如果父亲拥有长寿基因，则意味着儿子可能活不过自己的父亲。卡瓦布就是这样。因此，王子雷吉德夫和哈夫拉之间展开了继承王位的角逐，他们分别代表皇室的一支。雷吉德夫是胡夫妃子所生——我们不知道她的名字，他迎娶了已故的卡瓦布的遗孀为妻。哈夫拉是另一位妃子所生，这位妃子名为海努特森（Hénoutsen）。由于合法继承人数量众多，埃及王权在不同皇室分支之间传递，直至第四王朝末期。埃及学家甚至认为，这两支成员之间充满了阴谋和暗杀。根据这一戏剧性的版本，雷吉德夫应该是杀害了卡瓦布，迎娶了他的遗孀之后获得王权，然而考古证据却表明一切不过是普通的政权更迭。归根结底，这场王权之争的胜利者无疑是雷吉德夫。为了纪念父亲胡夫，雷吉德夫操办了他的葬礼。不过，这位新君主放弃了吉萨墓地，将自己的金字塔建在了吉萨以北 8 公里处的阿布拉瓦须——这是孟菲斯最高的地方。这也许解释了这座金字塔仅有 67 米高的原因。雷吉德夫不但是将“拉之子”加入自己王衔的第一位君王，而且他自己的名字中就带有太阳神的名字（雷吉德夫被认为“像雷一样永存”），并明确表明在他的重压之下太阳崇拜进一步加强。

雷吉德夫实际在位八年，虽然吉萨带有其名字的铭文显示他统治期长达二十四年。雷吉德夫死后，王位没有传到他的儿子手中，而是旁落到皇室另一分支手里。登上王位的是哈夫拉，但没有任何考古证据表明这是一次和平的权力交接。然而，这位新王认为自己离胡夫很近，或只是想要与雷吉德夫有所区别，他将自己的陵墓修建在他父亲胡夫的陵墓旁边。尽管哈夫拉金字塔的边长相比之下短了 3 米，但是这座石灰石建成的金字塔建在位于吉萨高原的一处山丘上，这使得它似乎看起来比胡夫金字塔还要高。

哈夫拉作为两地之王，在位时间超过四分之一世纪。然而，除了发现了几尊这位法老相当雄伟的雕像之外，我们只知道他埋葬在吉萨。也有可能的是，哈夫拉死后的继位者并非他的儿子，而是他的侄子巴卡（Baka）或内布卡（Nebka，几处罕见的铭文显示出的姓名非常难以辨认）。

哈夫拉及其继任者

也许是为了不让自己的金字塔遮挡其父在阿布拉瓦须的金字塔，或其祖父在吉萨的金字塔，巴卡选择将自己的陵墓建在扎乌伊特-阿岩。然而，巴卡仅在位一年，

梅雷斯坎墓

这座墓位于吉萨，是围绕金字塔修建的典型的皇家成员丧葬结构。梅雷斯坎（Mérésânkh）王后是哈夫拉的一个嫔妃，她的陵墓造型为在岩石上开凿的一个灵堂，还带有一个壁龛，其上雕刻着她的母亲和姐妹的雕像。

时间仅够开凿一条沟壑，而他原本想要修造一座规模较大的金字塔。之后，胡夫家族另一支的成员，哈夫拉的儿子孟卡拉取得了王位。按照其所在家族这一支的传统意愿，孟卡拉在吉萨为自己修建了一座 65 米高的小金字塔，紧邻其父和其祖父的金字塔。如果将这三座金字塔的西南角连成一线，这条线正指向希拉康波里的方向。

一切都让人相信谢普塞斯卡弗（Chepseskaf）是第四王朝最后一位法老，他是孟卡拉之子。由于种种原因，这位君主显得与其他法老格格不入。首先，谢普塞斯卡弗的名字不包含任何关于太阳神拉的字样；其次，他是唯一一位古王国时期放弃修建金字塔形状陵墓的国王。实际上，谢普塞斯卡弗选择修建的是一座巨大的马斯塔巴墓，这座墓位于萨卡拉南部：谢普塞斯卡弗的马斯塔巴（也被称为“El-Faraoun”）高 18 米，底边为 100 米 ×72 米。这两点特殊之处令某些埃及学者认为，这是谢普塞斯卡弗试图削弱太阳神祭司权力之举。实际上，支持得出这一结论的理由并不充分，因为谢普塞斯卡弗的陵墓建筑群与其他皇家陵墓的构成要素毫无二致：下庙、堤道、上庙、升天的结构（山丘），这些都表明内在的思想意识并没有变化。可能是时间的问题，谢普塞斯卡弗在位只有五年时间。考虑到谢普塞斯卡弗可能没有充足的时间修建金字塔，因此决定修建一座更简单、耗时更短的陵墓——一座巨大的马斯塔巴墓。

在第四王朝末期以及第五王朝初期，王后作为政治人物登上了历史舞台，她就是肯塔卡维斯（Khentkaous），其同样埋葬于吉萨高原的一座四方形马斯塔巴中。在肯塔卡维斯诸多头衔中，包括“上、下埃及王后以及上、下埃及国王之母”，甚至包括“上、下埃及两位国王之母”。在第一种情况下，肯塔卡维斯是一位以其儿子的名义实行统治的铁腕统治者，而第二种情况则表明她是先后登上埃及王位的两位国王的母亲。究竟是哪一种情况并无甚紧要，因为从目前拥有的资料来看，这两种解释都行得通。重要的是，王朝的权力变更似乎在政治上的局面极其复杂，而王后在其中发挥着重要作用。

档案：修建金字塔

金字塔是埃及最引人注目的建筑遗迹，是法老的陵墓和他们权力的有力见证。但它们是如何修建和由谁建造的呢？

法老坐在一乘被人抬着的轿椅上，在他专注而满意的目光下，一群奴隶正在挥汗如雨，牵拉着用绳子绑缚的巨型石块。在他们身边，监工们一丝不苟、毫不客气，手中拿着鞭子盯着奴隶们，不允许任何人有丝毫懈怠：但凡有谁稍有松懈，那他就会立刻尝到皮鞭抽打在身上的滋味。然而，这些可怜的工人不过是沧海一粟，他们都费尽力气将巨大的石块沿着高高的斜坡向上拖动。这就是埃及金字塔的施工

复杂的结构

修建金字塔在过去绝非易事。实际上，除了工人多年辛苦劳作之外，还要动用国家大量资源。从现实来看，为君主修陵墓曾是古王国时期主要的经济动力之一。

上图 版画，由海因里希·莱特曼（Heinrich Leutemann）创作于 19 世纪 80 年代。

现场，成千上万的奴隶被强迫劳动，修造金字塔直到死的那一天……

然而，这一多次在书籍和电影中重现的场景与现实相去甚远。实际上，埃及金字塔并不是这样修建的。首先，不是所有的金字塔都是用重达数吨的巨大石块建成，许多金字塔是用石砖修建的。其次，在埃及并没有奴隶，至少没有像希腊或罗马那样被驱使强迫劳动的奴隶。最后，并不像过去版画上所表现的那样，人们并没有借助斜坡搬运用于修建金字塔的石块。

方尖锥

在金字塔和方尖碑的顶部，都有一个方尖锥，使用闪长岩、石灰石或花岗岩制成，装饰有象形文字，并涂金或金银合金。

插图 花岗岩方尖锥，孟菲斯（第十八王朝）大总管伊尼乌亚（Iniouia）马斯塔巴上的方尖锥，位于萨卡拉。现藏于巴黎卢浮宫。

用石头和砖块修建的金字塔

埃及最早一批国王的陵墓是使用黏土或泥土修建的。但是，在第三王朝时期的第一位法老，即古王国时期的奠基人左塞尔，决定将自己的陵墓修建成金字塔样式并使用石块时，当时的工人面对的是一种他们尚不甚了解的建筑材料。在当时，只有少量的墓碑以及提尼特皇室陵墓使用了石材。在左塞尔陵墓建筑群中，这种技术掌握不佳的情况非常明显：可以看到石块随着时间推移越来越大，法老的工人们才慢慢发现了这种新材料的性能和极限。最初的石块只有 20 厘米高，而最后石块达到了 50 厘米高，重 500 公斤。第三王朝的塞汉赫特和哈巴金字塔中使用的石块大小相当，虽然这两个建筑物一直没有完工，但它们的结构与左塞尔陵墓建筑群的结构相近。

使用越来越大的石块的倾向延续到第四王朝时期，在修建吉萨哈夫拉金字塔时这种倾向达到了顶峰。为了修建哈夫拉金字塔，使用的石块平均重达 3 吨，即比大金字塔使用的石块还要重 500 公斤。然而，在胡夫陵墓中，国王墓室的顶部使用了 60 吨的石块。此外，在这一墓地中，孟卡拉金字塔的上庙中有一块巨石，其重量达到惊人的 200 吨。

在此之后，直到第四王朝末期，用于建造金字塔的石块开始逐渐减小。在第五王朝和第六王朝时期，大部分金字塔的中心位置由石板和沙子简单搭建而成，在外部加建一层质量更坚固的石灰石层。

在经历第一中间期暂停修建金字塔之后，第十二王朝的法老们又重新开始埋葬于金字塔中。第十二王朝的前两位君主的金字塔为石质金字塔，然而他们的继任者想要降低这种建筑昂贵得出奇的成本。因此，他们决定将自己的陵墓建为马斯塔巴墓，用几百万块黏土砖代替巨石。他们用图拉地区的石灰石修建了马斯塔巴的外层，使这些建筑物拥有两地法老陵墓所应具有的庄重肃穆的外观。

金字塔的设计

与某些小说家天马行空的想象所描述的不同，修建安葬法老用的金字塔的方法，与如今想要打造几百米高的摩天大楼的建筑师使用的方法相差不大。

首先皇家建筑师与君主讨论他想要的陵墓的样式，一旦决定采用某一草案之后，建筑师们就会开始设计图纸。曾有文献描述了这种会议。这份文献是建筑师塞涅德耶米（Senedjemib）在其自传中引述的一封信，在信中，第五王朝的法老杰德卡拉·伊塞西（Djedkarê-Isési）恭贺他修建了一处院落，严格遵循了上一次工作会议确定的特征："朕观卿所用样式与王庭伊塞西塞德节大宫殿庭院围墙之意甚符。卿曾禀朕，已将其设计为长 1000 腕尺，宽 440 腕尺，此亦为王庭之意。卿也深知伊塞西所愿殊胜！朕知卿实乃举国监工第一人也。"

显然，修建这种经年消耗全国资源大半的建筑，必须要经过深思熟虑和精心统筹才能开工。例如，很难想象改动墓室位置，因为这样做就会将已经完工的部分推翻重来，而且还可能使建筑物失去稳定性。同时，图纸和模型能够精准地预计到建筑的每一步骤。然而，古王国时期的金字塔图纸没有一份保存下来，尽管曾在左塞尔金字塔中发现了一片陶片，上面解释了如何建造顶棚穹顶。在阿美涅麦斯三世（Amménémès Ⅲ，阿蒙涅姆赫特三世［Amenemhat Ⅲ］）位于代赫舒尔的金字塔中，出土了一个这位法老位于哈瓦拉（Hawara）金字塔的内室模型。

位置与材料

在绘制金字塔的图纸和外形轮廓时，当时的人们还计算了石块的数量，以及修造金字塔所需要的人数。在此期间，技术人员会走遍孟菲斯墓地，寻找国王陵墓建筑群最理想的修建地点，而金字塔只是这个建筑群中的一小部分。首先，选定的地点必须符合一个标准，那就是位于尼罗河左岸，太阳下落的方向，也是埃及人在冥界的位置。一旦符合了这个要求，就要考虑其他的要求，而最近人们刚刚开始猜测是否还存在这些其他的要求。每位埃及国王似乎都将自己的金字塔建

井井有条的流水线作业

关于修建金字塔的方法，无论是石质金字塔还是泥砖金字塔，至今都是一个谜。现存的文献显示，修建时建筑师和法老之间曾有过规划，石刻铭文展示了对建材的精细组织管理。在某些情况下，我们甚至可以知道建造发生在哪一时期，以及石料的来源。然而，专家们对于石块向高处的搬运问题一直争论不休。但是，在整个过程中的细致组织安排，以及在工人动工之前抄写员和官员提前进行计算是清晰无误的。

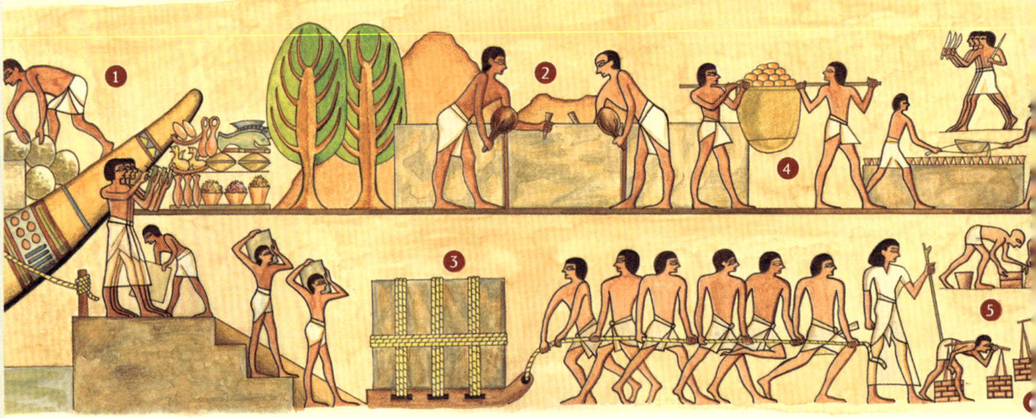

在出于明确的政治原因和宗教考量的特定位置上，这些位置可以根据一定的方法进行推测。举例来说，左塞尔金字塔周围拥有三座金字塔，它们分属第五王朝和第六王朝时期的三位法老，这三位法老都希望靠近左塞尔使自己上位合法。例如，第五王朝的乌斯卡夫（Ouserkaf）和第六王朝的特提（Téti），他们都是所在王朝的第一位君主。此外，将这三座金字塔的东南角连起来的连线指向希拉康波里，太阳神拉的神殿正位于这座城，而将奈弗力弗拉（Néferefrê）、内弗尔卡拉·卡凯（Néferirkarê Kakaï）和萨胡拉（Sahourê）的金字塔西北角连成一线，

❶ **河运** 石料以及所有修建者需要的材料，都使用大船从尼罗河运输而来。

❷ **采石** 在采石场，一般而言都离工地不远，工人们将石料加工成石块，并将其运至工地。

❸ **石块搬运** 工人们使用木质或泥砖拖板用绳拖曳石块。

❹ **工人餐饮** 食物来自皇家仓库，而工人们居住在特别修建的村庄里。

❺ **制砖** 使用尼罗河黏土制造几百万块砖。中王国时期的金字塔，主要由泥砖建成。

❻ **工人** 他们不是奴隶，而是由国家支付酬劳的工人，似乎职务是在父子之间传承的。

❼ **专职人员** 工地上有大量的专职人员，包括雕塑师、木匠、医生和水手。

❽ **技术人员和抄写员** 技术人员参与到建筑设计中，抄写员负责为法老控制支出。

❾ **建筑师** 建筑师负责为建筑物设计图纸和模型，并对整个建造阶段进行监管。

❿ **斜面** 斜面用来将重物提升至高处，尽管大部分建材用于打地基。

则形成的连线同样指向希拉康波里。

其次，则是实际操作的问题。在实际操作中，必须保证所用的土地能够承载巨石的重压（有时建筑是计算不准确的，如位于代赫舒尔的曲折金字塔）。当时，人们需要验证在选定地点附近是否存在一个能够开采到足够石块的地点。在吉萨，采石场位于大金字塔南部 600 米处，而在其他金字塔修建时采石场的位置则要近得多，多使用施工场地开采的石块。一旦选定了修建位置，就可以开始设计具体的内部结构、高度以及体积，并真正开工修建了。

最终规模确定之后，采石场就开始开采石料。在此之

吉萨高原上的金字塔：大型皇家墓地

吉萨高原，位于当时埃及两座圣城莱托波里和希拉康波里附近。胡夫将吉萨高原作为前所未见的最高大的金字塔修建地，在这个金字塔附近胡夫还增建了自己的陵墓神庙。在这里，胡夫的儿子哈夫拉和他的侄子孟卡拉都按照他的样式建造了属于自己的金字塔和陵墓神庙。相反，孟卡拉的继位者谢普塞斯卡弗放弃了吉萨墓地，保持了吉萨墓地的神圣性。

❶ **孟卡拉附属金字塔** 在法老金字塔侧面，有几座附属金字塔，其中有两座是阶梯金字塔。

❷ **孟卡拉金字塔** 这座金字塔被称为“神明米孟卡拉”，是最小的同时也是内部结构最复杂的一座金字塔。

❸ **孟卡拉上庙** 位于法老金字塔一侧，上庙呈矩形，并拥有一个很大的中心庭院。

❹ **哈夫拉附属金字塔** 该金字塔位于国王金字塔南部，由一位身份未能确定的王后修建。

❺ **哈夫拉金字塔** 这座金字塔被称为“伟大哈夫拉”，是唯一一座顶部石灰石砌面保存完好的金字塔。

❻ **哈夫拉上庙** 这座建筑规模宏大，是吉萨保存最完好的一处建筑，于1901年对其进行发掘。

估算体积 胡夫金字塔约为 2 521 000 立方米。需要 2 300 000 块重 2.5 吨、高 50 厘米的石块。

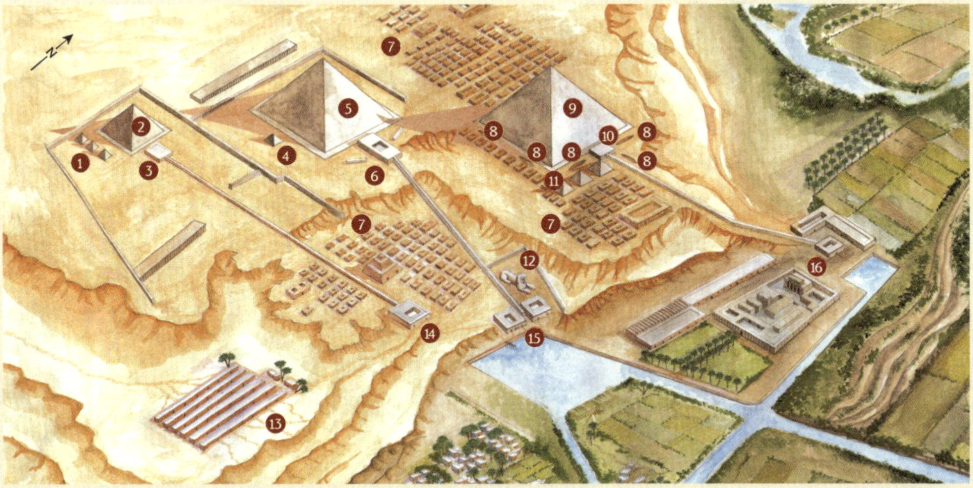

❼ **墓地** 在吉萨西部、南部和东部的墓地中，埋葬着第四王朝时期的贵族和官员的马斯塔巴。

❽ **太阳船墓坑** 五个墓坑里埋有五艘船只，象征着太阳神拉每天驾驶的行经苍穹的太阳船。

❾ **胡夫金字塔** 这座金字塔被称为“胡夫地平线”，是世界七大奇迹中唯一仅存的一处。

❿ **胡夫上庙** 通往下庙的堤道的起点，在这里为国王举行祭祀。

⓫ **胡夫附属金字塔** 这些金字塔，可能用于埋葬胡夫的嫔妃以及他的母亲海特菲利斯（Hétephérès）。

⓬ **斯芬克斯** 这座巨大的雕像可能代表哈夫拉，而图特摩斯三世是第一位修缮斯芬克斯的法老。

⓭ **工人围墙** 围墙位于孟卡拉金字塔东南方向，吉萨的工人和工匠住在围墙之内。

⓮ **孟卡拉下庙** 下庙中有法老组像，法老身边站着的是女神哈托尔和其他神祇。

⓯ **哈夫拉下庙** 底部为正方形，位于斯芬克斯神庙一侧。哈夫拉下庙可能是一处祭拜之所。

⓰ **胡夫宫殿** 胡夫宫殿位于国王下庙一侧。考古遗迹显示，这座宫殿可能存在。

伊蒙霍特普和赫米乌努

埃及人并不创造艺术品（用来欣赏美的物品），除非物品本身具有实际功用。正因如此，现在已知的法老时期著名的艺术家——工匠，包括建筑师在内，不过寥若晨星。然而，凡事总有例外，特别是有的人还是政府高官，负责管理君主的建筑，他们的职务是“国王所有工程的监工”。伊蒙霍特普（见左图人物）和赫米乌努（Hémiounou）就是两个例外。伊蒙霍特普修建了萨卡拉阶梯金字塔，这座金字塔的墓井中出土的私人印章显示出他就是修建者。伊蒙霍特普本不是王室出身，却负责了方方面面的工作——宗教、经济和政治。伊蒙霍特普还设计了塞汉赫特金字塔，这座金字塔一直没有完工。赫米乌努则是一位建筑师，至少是一位监工，负责修建大金字塔。赫米乌努是胡夫的侄子，死后葬在吉萨西墓地的大型马斯塔巴中，墓中出土了他的雕像。

前，抄写员将计算出建筑需要的石块数量，这项技术是抄写员培训时的学习内容。他们还学习如何计算为达到某一高度金字塔应呈现的倾角角度，或根据已知角度和地基计算金字塔达到的高度。这样，在采石场，工头和监工知道应开采多少石块，也知道每天预计生产多少石块。

为管理日常工作，制造出充足的石块，石块上刻有简要信息。一共有两种标记：一种是给工头看的，上面写着石块运输日期，以及负责运输石块的小组；另一种标记线条更粗，样式更简单，字体更大，是给工人看的，而工人基本都是文盲。这些标记指示了应将石块放置在金字塔哪个位置上，因此在塞索斯特里斯一世（Sésostris Ier）位于利希特（Licht）金字塔的一块石块上雕刻着：“12 年，冬日第一天，17 日。自仓库运出。监工梅克（Mek）允许放置在斜面上。”

修建

开始开采石料后，法老选定的地点则要进行清理，以便建造金字塔及其附属物。首先清扫地面，去除沙子和石块。之后尽可能准确地标出四个方位点，也许当时的人们借助了直观的人工天文地平仪并通过其观察夜空星体，标示出某些星体的出现和消失点（两者之间的中点为北方）。但具体使用了哪种方式我们不得而知，似乎每个方位点即是建筑的一个侧面的中心点。因此，需要白天在阳光下画出金字塔的位置，并安放第一批石块。

在古王国时期大型金字塔的中心点，几乎都有一块突出的天然岩石，这块岩石上放置着石块。如果说这块岩石的存在使得方位计算变得更加复杂，那么应该说它的存在能够大大减少修建需要的石块的数量，这极为有利。因为，尽管埃及国王们想要修建雄伟的建筑，但他们仍然不愿意将资源花费在毫无意义之处。由于它造型奇特，金字塔内部三分之一的空间集中了主要空间和必要建材，如果这三分之一内部部分已经存在的话，那么就可以避免堆砌一定数量的石块。大金字塔的内部与哈夫拉金字塔以及雷吉德夫金字塔内部别无二致（其西南角是从高原的岩石中开凿出来的），其中 40% 的总体积由石质内芯形成。石块提升系统究竟如何，其在古埃及专家和研究学者之间引起了许多争论，可惜没有任何文献能够使他们统一确认使用的方法。

然而，考古遗迹以及某些墓的装饰图案足以得出结论的意见。当埃及人需要移动很重的物体时，他们就会使用拖板和斜面。在满是泥沙的国土上，拖板比轮子更有效率，也更加耐用（这时的埃及人已经发明了轮子，但并没有将轮子作为工具使用）。利用斜面以及用水湿润的泥路，他们就可以移动重物，垂直移动时使用斜面，水平移动时借助泥路。20 世纪 30 年代，亨利 · 谢弗里耶（Henri Chevrier）在卡纳克展示了如何在平坦的泥路上只用六个人毫不费力地推动一个 5.5 吨的重物。

根据这些数据，人们可以推断出埃及学者们最常提出的两种修建方法，即垂直于建筑物的巨大斜面，或者围绕金字塔好几圈的环形斜面都并不可信。实际上，若

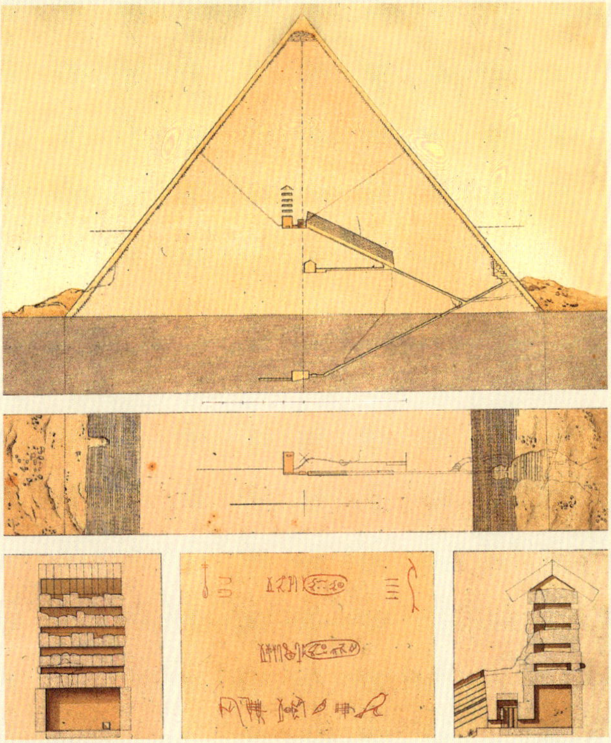

修建金字塔内室

与大金字塔不同，内室的修建并不需要任何技术上的壮举，因为内室是通过在岩石上开凿而成的。在有些金字塔中，内室位于地基以上几米高的位置。此外，修建内室需要的并不是尺寸很大的石块，而是规模很大的采石场，这一传统一直延续到新王国时期国王谷的陵墓修建。第四王朝和第五王朝的金字塔内部与前期金字塔内部差异很大，只有入口必须朝向北方（朝向神明居住的极星方位）这一点没有变化。但是，第五王朝的最后两座金字塔在内室方面别无二致，两座金字塔内室的尺寸也完全一致。在第六王朝时期，似乎确立了金字塔的标准范式，这显示出国家已经实现中央集权且政治稳定。金字塔的内部结构在经历了第一中间期出现的庞大无度之后，在第十二王朝（中王国时期）再次发生了变化。因此，自塞索斯特里斯二世（Sésostris Ⅱ）在拉宏（Illahoun）修建金字塔之后，为了防止盗墓者进入金字塔，入口便不再朝向北方，而且改变了位置。同时，内部结构也变得越发复杂。

插图 胡夫金字塔的高度和细节。埃及学者艾米勒·普里斯·达维纳（Émile Prisse D'Avennes）于1878年拍摄，现藏于巴黎装饰艺术图书馆。

想修建大金字塔的方尖锥，垂直斜面则需长达 1.5 公里，它的尺寸要远大于所有的建筑物，而且泥砖也不可能承受这种 150 米高的建筑物的重压，环形斜面则会导致一个无法解决的角度变形问题。此外，随着建筑物不断建高而覆盖建筑物，则无法采取必要措施避免建筑上的错误。那么，埃及人是如何将这些巨大的石块放置到位的呢？答案就是用拖板、斜面，以及可能还用到了杠杆。我们一起来看看，他们是怎么做到的。

一个坡度较缓的大斜面将工地和修建的金字塔基座相连，这样就可以很容易达到十几米高，甚至更高。这可以毫不费力地让人修建建筑物的内部，建筑物的内部集中了金字塔的主要体积。一旦基座修建完毕，人们就在基座上搭建其余的石块，这些石块则利用杠杆提升至高处。大金字塔石块层的平均高度为 69 厘米，已经证明一个六人团队借助杠杆能够在几分钟时间内将每一个石块提升这一高度。一旦这些石块在上一层形成了新的平台，人们就可以继续向上堆砌直至金字塔建成。待到建完顶部并放置好方尖锥后，就开始从上至下地为金字塔铺设图拉石灰石贴面。

当然，这一切仍然只是从理论上解决了这种极大规模建筑物修建时的运输问题，这些假设至今尚无定论。对于使用尺寸更小的石块或泥砖的金字塔而言，可能这些问题很容易解决，因为不难想象他们利用了正在建设的建筑物支撑的脚手架。

劳动力

劳动力是修建金字塔陵墓建筑群不可或缺的另一项要素。前文已经介绍过，修建金字塔的劳动力不是奴隶，而是法老雇佣的完成明确任务的工人，这个明确的任务对于国家存续本身至关重要，那便是为国王修陵墓。

尽管希腊-罗马时期的历史学家已经认定修陵墓工作是季节性的，但是实际上并非如此，金字塔的修建是贯穿全年的，因为每年在尼罗河泛滥期修建工作也没有停止。在美杜姆金字塔的石块上，其发现的日期铭文包含了埃及历法中的所有月份，这便厘清了所有猜测。同时，根据这些铭文，可以看到修建工作的推进速度。在代赫舒尔红金字塔一角，其下部位置上的一块石块有一处铭文提到了第十五次清点牲

乌纳斯金字塔墓室 墓室顶部装饰着五角星，象征着天穹。石棺使用的是一块灰黑色的石料。

畜（斯尼夫鲁三十年）。再往上三十行石块上，有一处日期为第十七次清点牲畜，即同一统治期第三十四年。这表示，埃及人修建红金字塔当时仅用了十一年就完成了这座陵墓的修建，这个速度对于一座 109 米高、底边长 220 米的建筑物而言，实在不容小觑。一旦开始动工，建设的进展速度相当可观。如果考虑到当时使用的对齐方式和修建工具，那么埃及金字塔并不像世人所说的那般尺寸精准便不足为奇了。因此，可以看到哈夫拉金字塔的尖端并没有与建筑物的顶点完全重合。但阿布西尔（Abousir）的萨胡拉金字塔的计算错误更加明显，其东南角较东北角偏移 1.58 米，未能形成正方形。上庙同样存在这种计算错误。

最后，如果说金字塔修建是埃及文明中一项最重要的成就，那么人们究竟是如何建成金字塔的仍然是一个谜，这也使金字塔更加令人向往。

萨卡拉雕刻

这块浮雕出土自卡格姆尼马斯塔巴，表现一队手持贡品的仆人。

插图（右侧） 磨麦子妇女彩绘石灰石雕像，现藏于佛罗伦萨国家考古博物馆。

探索尼罗河谷

金字塔的修建在第四王朝达到鼎盛时期。在此之后，王权凭借强大的官僚和行政体系，在第五王朝时期对尼罗河谷的掌控获得加强。在第六王朝时期，法老实现了对整个国家的绝对统治，但在佩皮二世（Pépi Ⅱ）死后国家四分五裂，而其原因至今尚不为人所知。至此，古王国五百年的历史终结。

在一些埃及原始文献里，尤其是在关于威斯特卡纸莎草（le récit du papyrus Westcar）的叙述中，能够看到有关第四王朝和第五王朝之间政权更迭的记述。威斯特卡纸莎草的叙述意义非凡，以中王国时期末或新王国时期初（约公元前 17 世纪或公元前 16 世纪）为起点，其中所有故事可能想通过传奇故事证明第四王朝和第五王朝的国王出身正统。如今，威斯特卡纸莎草的叙述首尾均已佚失，其中究竟包括几个故事已无可考，大约在开头讲到了第四王朝的第二任国王胡夫让他的儿子们讲些故事聊作消遣。现在，这些故事只剩下四个完整的故事和一些零散的片段。其中，倒数第二个故事的结尾和最后一个故事的开头，尤其让人联想到第五王朝的国王出身不凡。第四个故事描述的是一位名叫杰迪（Djédi）的魔法师，他在胡夫面前大显身手，其在说出魔法咒语之后原本被砍掉头的鹅或公牛又长出了脑袋活了过来。法老便问其托特神庙中共有几间密室，杰迪表示他不知道有几间密室，但知道在希拉康波里有一个龛盒，答案就在龛盒之内。魔法师还明确说出有一位叫作雷杰黛（Reddjédet）的女人，她的大儿子能够拿到这个龛盒。法老问杰迪这个女人是谁，杰迪回答说她是太阳神拉的祭司的妻子，她生下了三胞胎儿子，三个儿子都是太阳神的孩子。杰迪还告诉胡夫，太阳神拉的这些儿子日后会成为埃及国王，他们会在他曾孙死后登上国王的宝座。第四个故事就在这个预言之后戛然而止。第五个故事开头写的正是这三胞胎的诞生：太阳神拉亲自派来女神伊西斯（Isis）、奈芙蒂斯（Nephtys）、梅斯赫奈特（Meskhenet）、海奎特（Héqet）以及库努姆神（Khnoum），以保证三个孩子顺利出生。

虽然威斯特卡纸莎草叙述的内容明显具有神话色彩，但它提及的国王确有其人，如胡夫或斯尼夫鲁。在传奇故事中，诞下未来三位国王的雷杰黛令人不禁联想到肯塔卡维斯（Khentkaous）王后，想到她在第四王朝政治系谱中的地位，以及她在第四王朝向第五王朝更迭过程中实际上起到的重要作用。

实际上，抛开神话传说回到真实的史实，考古学研究表明从一个王朝到另一个王朝的转变并非四平八稳。能看到的史实主要表明，王朝高官继续行使行政权力，政权变更后他们的职务毫无影响。然而，有些内容却似乎暗示乌斯卡夫（Ouserkaf）君临上、下埃及的过程有些不清不楚。实际上，人们对这位开创了第五王朝的国王知之甚少，而他的身世至今仍是个谜。乌斯卡夫应该出身于王室，某些家谱学研究证明他是雷吉德夫（第四王朝第三任法老）的曾孙。然而，乌斯卡夫甫登王位，做的第一件事就是在萨卡拉的左塞尔金字塔旁修建了自己的金字塔，似乎他在极力证明自己出身正统，而只有在这里修建金字塔方能证明王位传承有序。

行政大动荡历时七年之久，在此期间埃及一直勉力维持着对努比亚的统治，之后王权传至萨胡拉，他从上一任法老手中继承了复杂的政治局面，首先将（萨卡拉北部的）阿布西尔选作第五王朝的皇家墓地。第五王朝的前两位国王即乌斯卡夫和萨胡拉，他们之间的亲缘关系至今仍不明确。就此提出了多种假设，这些假设都提到了一位王妃，她就是肯特考斯（Khentkaous）王妃。有的认为肯特考斯是乌斯卡夫的妻子，萨胡拉和内弗尔卡拉·卡凯（Néferirkarê Kakaï）的母亲；有的则认为她是第四王朝最后一位法老谢普塞斯卡弗（Chepseskaf）的妻子，乌斯卡夫和萨胡拉的母亲。在第四王朝末期和第五王朝初期，有两位王后都叫这个名字，头衔也十分相似。实际上，这些推测表明我们对这一时期确实知之甚少。

萨胡拉统治十二年后，内弗尔卡拉·卡凯登上王位，他的统治期也将近十二年，但是直到他过世时河岸庙和陵墓建筑群的堤道也未能完工。继内弗尔卡拉·卡凯之后，他的儿子奈弗力弗拉（Néferefrê）登上王位，统治期两年多。奈弗力弗拉是第一位木乃伊被世人发现的法老，这具木乃伊埋藏在他的金字塔墓室的瓦砾之下。奈弗力弗拉的继任者谢普塞斯卡拉（西西雷斯）（Chepseskarê [Sisirès]）的在位时期更短，不过区区几个月时间，短到埃及史中仅记载了他的名字。目前，谢普塞斯卡拉和之前、之后国王的亲缘关系仍不确定。

卓有成效的统治

不同于谢普塞斯卡拉流星般短暂的统治，谢普塞斯卡拉的继任者纽塞拉（Niouserrê）在位长达三十年。纽塞拉是内弗尔卡拉·卡凯之子，也是第五王朝的第六位国王，而他的上台也意味着一项重要的修建活动的开始。按照传统，纽塞拉开始为自己修建陵墓。然而，诡谲之处在于，为了缩短工期，减少花销，纽塞拉动用了他的父亲内弗尔卡拉·卡凯下庙和建筑群的入口堤道的基座，将其作为建筑材料。不但如此，纽塞拉还将自己兄长奈弗力弗拉的纪念碑拆毁，改建为他母亲肯特考斯二世（Khentkaous Ⅱ）的纪念碑，而她是第二位以此为名的王后，这有时使

第五王朝法老

公元前2494年—公元前2487年

乌斯卡夫（Ouserkaf） 他的陵墓修建在萨卡拉，左塞尔金字塔附近。

公元前2487年—公元前2475年

萨胡拉（Sahourê） 他的陵墓建筑群装饰有10 000平方米的浮雕，充满令人惊叹的艺术气息。

公元前2475年—公元前2455年

内弗尔卡拉·卡凯（Néferirkarê Kakaï） 在位期间，他的金字塔和陵墓建筑群都未能完工。

公元前2454年—公元前2452年

奈弗力弗拉（兰尼弗雷夫）（Néferefrê [Raneferef]） 对其金字塔进行发掘，发现了他本人的木乃伊。

公元前2451年—公元前2450年

谢普塞斯卡拉（西西雷斯）（Chepseskarê[Sisirès]） 基本对他短暂的统治毫无所知。

公元前2449年—公元前2424年

纽塞拉（Niouserrê） 他延续了王朝修建很大的太阳神庙的传统。

公元前2423年—公元前2416年

门考霍尔·阿考霍尔（Menkaouhor Akaouhor） 他是最后一位建设太阳神圣殿的君主。

公元前2415年—公元前2376年

杰德卡拉·伊塞西（Djedkarê Isési） 在位期间，他对行政管理进行了改革。

公元前2375年—公元前2345年

乌纳斯（Ounas） 他是第一位铭刻金字塔文（Textes des pyramides）的法老。

人将她和第四王朝的同名王后混淆，特别是她们还具有相同的称号“上、下埃及两地之王的母亲”。

在纽塞拉之后，埃及第五王朝还有三位君主，他们分别是门考霍尔·阿考霍尔(Menkaouhor Akaouhor)、杰德卡拉·伊塞西(Djedkarê Isési)和乌纳斯(Ounas)。

尽管门考霍尔·阿考霍尔仅在位十几年，但是他与第五王朝之前的国王有很大区别，其行事完全异于皇家习俗。门考霍

尔·阿考霍尔不仅没有在名字里加上太阳神拉的名字，还放弃了阿布西尔皇家墓地。在萨卡拉或吉萨发现了一些祭司或贵族的马斯塔巴，丧葬祭礼与门考霍尔·阿考霍尔相关，这表明他可能将陵墓修建在这一位置，但这一点有待考证。此外，我们还知道门考霍尔·阿考霍尔是埃及最后一位修建名为“拉神的地平线”的太阳神庙的埃及君主，而这座神庙的具体位置还不得而知。所有这些异乎寻常的情况，令人猜

萨卡拉皇家墓地

尽管第五王朝中有些法老埋葬在阿布西尔，但是其他的法老仍然将萨卡拉的孟菲斯墓地作为陵墓位置的首选。乌斯卡夫金字塔遗迹位于尼罗河西岸，左塞尔金字塔的右侧。

测门考霍尔·阿考霍尔在位期间可能发生过什么。

门考霍尔·阿考霍尔的继任者杰德卡拉·伊塞西统治时间更长，达四十多年。杰德卡拉·伊塞西决定不修建太阳神庙，而是在萨卡拉修建了一座高 52 米的金字塔。杰德卡拉·伊塞西还特别对行政管理进行了大刀阔斧的改革，其影响一直延续到后世。因此，在各地神庙影响力颇大的情况下，首都设立了两名宰相，南部地区设立了第三名宰相的职务，这三名宰相负责治理国家。在 20 世纪中叶，在杰德卡拉·伊塞西位于萨卡拉金字塔的墓室中发现了他的木乃伊，但直到近来才确定了这具木乃伊的身份。为确定木乃伊的身份，对阿布西尔马斯塔巴出土的两具木乃伊进行了骨学、骨病学和血液检查，这两具木乃伊身份明确显示她们是杰德卡拉·伊塞西的女儿。经科学鉴定，这两具木乃伊生前本是姐妹，她们的父亲杰德卡拉·伊塞西正是在萨卡拉金字塔中发现的那具如今几乎被人遗忘的木乃伊。

乌纳斯则是第五王朝的最后一位君主，他也没有在阿布西尔修建自己的陵墓建筑群，而是选择了靠近左塞尔阶梯金字塔的位置，也许是希望这种地理位置上的相近能够使他的上台具有合法性。因此，乌纳斯最终在萨卡拉这座著名的陵墓东南方向修建了自己的金字塔。尽管乌纳斯的金字塔是古王国时期最小的一座（仅有 40 多米高），但因藏有世界上最早的宗教文本而有资格争荣夸耀，那就是著名的金字塔文。埃及人认为，乌纳斯的统治在埃及历史上起到了重要的承上启下的作用。因为，在都灵皇家纸莎草（le papyrus royal de Turin，有时称为都灵王表 [canon de Turin]，是后世拉美西斯二世 [Ramsès Ⅱ] 时期的文献，记录了埃及诸王的名单）文献中，乌纳斯名字之后是一个停顿，表示他之后是一个新的时代。

王国的触须

在第四王朝时期，受到重视的是地处埃及北部的三角洲地区，而在第五王朝时期国家的中心向南推进，直至孟菲斯以南。王国除加强对整个尼罗河谷的控制之外，还能看到“两地之王”（法老）使经营的领土获得了扩张。如今，我们甚至可以确定

诺姆：古王国时期的行政区划

为了统治国家的整个领土，埃及人将国家划分为若干个行政区域，后来希腊人将这种行政区域称为“诺姆”。上埃及的二十二个诺姆就是由第五王朝的法老们确立的。

古王国时期的行政区划。由于埃及地域广阔，法老无法直接管理每一个小城。正因如此，埃及人设立了多个诺姆，而诺姆是根据水渠分布而合并的行政单位。每个诺姆由被称为“诺姆长”的官员进行治理，各个领地也凭借旗帜获得对自身身份的认同，而各地的旗帜似乎都是为了纪念各地区的图腾崇拜。诺姆长在洪水泛滥之后确定土地边界，收税并管理灌溉的土地。尽管诺姆长最初是由法老任命的，但后来诺姆长逐渐变成了一种继承的职务。凭借卡尔纳克（Karnak，见上图）塞索斯特里斯一世（Sésostris Ier）亭中的铭文，我们现在知道上埃及诺姆之间的明确边界。

为了获得更大量的商品生产，究竟在哪些地区做出了最大的努力——那就是在扎乌埃特·迈丁（Zaouiet el-Meïtin，在法尤姆稍微偏南）和艾赫米姆（Akhmim，在阿拜多斯北部）之间的区域。

实现地方良好管理和开发，充实国库的唯一方式便是由法老向地方派驻工作人员。因此，这个派驻的人员便免于两地奔波，成为他们所管理的诺姆首府的常住居民。为满足这一新的管理人员的需求，负责人的队伍人数激增，但由于增长的速度太快，导致王室成员不足以胜任如此之多的岗位。由于这个原因，自第五王朝开始，在行政机构中不再能够看到之前担任官职的“王子们”的身影，因为高官不得使用这一头衔。在这一时期，即使到了宰相（vizir）一级，也可由不属于王室的人员出任，尽管有些宰相通过姻亲关系最终成了王室成员。实际上，有时法老本人准许这些官员迎娶王室中的女子。当然，向王族阶级之外的人员分配行政管理职责和特权，也有助于行政管理的专业化转变。还有些职务由“宫廷学校”（著名的 Kap）的学生充任，当时的宫廷学校最初除了君主的子女外，只有高官的孩子有权入读。在此期间，整个王国的决策中心都仍然存在，但是其影响范围发生了变化。从这一时期开始，王室垄断了所有宗教职务。大概在第四王朝取得行政管理权之后，王室决定在第五王朝通过管理思想继续把持行政管理权。

关于这一时期的僧侣们，应当强调一点，古埃及的祭司和我们今天的牧师或宗教人士毫无关联。埃及宗教不同于我们今天所了解的三大“一神教”。因此，埃及祭司的目的不在于热切地布道，或宣扬来自神明的经书所包含的真理，而且当时也根本没有这种经书。这也解释了为什么祭司仅需履行职责，而不需要特别崇高的道德或情操。唯有法老能够与神界和冥界产生联系，埃及的祭司只需以君主的名义行事即可。

此外，在整个埃及古王国时期，祭司并不是一个专门的职务，举行仪式只是从属于法老的诸多行政工作中的一部分。担任祭司是以季度为周期的，而且能够和任何其他的职务兼任。直到新王国时期开始，国内才发生了诸多经济和社会方面的变化，祭司才成为一个单独的职务。话虽如此，但不代表在古王国时期这一职务对于那些有幸被任命出任祭司的人来说毫无吸引力。实际上，祭司的收入相当可观，而且神庙的名气越大，他们的收入就越高。但是，祭司也不属于由政府支付薪酬的职务，他们的收入来源于祭台上供奉的祭品。祭品摆放足够神舒适地享用的时间之后，剩余的祭品就由看守神庙的人员按照一定的比例进行分配。担任的职务越重要，这些人员获得的就越多，而这一切的依据是人所共知的严格的排名，这一排名是经过寺庙的抄写员精密计算的结果。

新的建筑

在第五王朝时期，金字塔的高度有所下降。这一时期最高的金字塔是内弗尔卡拉・卡凯金字塔，其高度“仅”为 72 米，其他的金字塔不过 50 米高左右。在这一时期，修建方法也发生了变化。

在第四王朝时期，修建金字塔使用的石块可达 3 吨重，按行排列，如哈夫拉金字塔。与此相反，在第五王朝时期，使用的多为较小且不规则的石块。这些石块有时用于建造不同的层，如乌斯卡夫金字塔和萨胡拉金字塔，这两座金字塔具有一个由不同材料制成的中心核，之后在其外加盖质地优良的塔拉石灰石层，使建筑物拥有光滑而坚固的外层。

法老奈弗力弗拉在位仅两年，没有来得及修建他自己的陵墓建筑群，原有的建筑被改建为一座边长为 67 米、高 7 米的巨大的马斯塔巴。尽管没有金字塔，君王返回苍穹也无甚大碍：在当时的文献中，马斯塔巴被称为“山丘”，这种具有高度的位置是通向苍穹的理想地点。

毫无疑问，金字塔结构的变化并不是因为国家财力减弱，而是出于重新分配财富的需求。金字塔的存在是法老权力的象征以及重生和升天的助力。然而，君主也需要将自己的注意力和财力分配至其他方面，如省级墓地中官员的墓。于是，君主们逐渐决定不再在自己的金字塔上花费巨大财力。

尽管建筑质量有所降低，如仔细检查萨胡拉金字塔东南角和东北角，会发现存在 1.5 米的偏差，但是在陵墓建筑群天花板装饰方面却花费了更大的力气。例如，在萨胡拉金字塔中，这种装饰的面积达到了 10 000 平方米（目前残存约 1000 平方米）。此外，在皇家陵墓建筑群中修建太阳神庙，也使得在资源分配上进行更加细致的安排。

乌斯卡夫进行了一项创新，他在距自己的金字塔几公里处修建了献给太阳神拉的太阳神庙，这也是第五王朝的一个特别之处。在第五王朝，太阳崇拜似乎变得更加重要，至少对于君主和王国来说是如此。这也解释了为什么类似于吉萨金字塔的角连线指向希拉康波里，以及连接阿布西尔墓地的三座金字塔（奈弗力弗拉、内弗尔卡拉・卡凯和萨胡拉金字塔）角的连线指向希拉康波里太阳神拉神庙。

浮雕和铭文显示出第五王朝的九位法老，前六位法老为修建的太阳神庙起了响亮的名号，且在名号中明确地把神庙奉献给太阳神。乌斯卡夫将他的太阳神庙称为“拉神要塞”，萨胡拉的太阳神庙则是“拉神田地”，内弗尔卡拉・卡凯的是“拉神心之所在”，纽塞拉的是“拉神心之乐土”，奈弗力弗拉的是“拉神祭品的祭台”，门考霍尔・阿考霍尔的则是“拉神的地平线”。目前，只有乌斯卡夫和纽塞拉的太阳神庙位于阿布西尔北部，这两座太阳神庙均已得到定位和发掘。

事实上，太阳神庙是类似于皇家陵墓建筑群的一组建筑物，也包含同样的元素。在东部，下庙有一条堤道通向围有仓库的走廊，能够从这里进入大庭院。这个空间能够获得太阳神拉的阳光，在这个空间中矗立着建筑群的主建筑——修建在柱基上的巨大的方尖碑，方尖碑面向一个尺寸惊人的祭台。附近是几处带有沟渠的屠宰场，这些沟渠用于盛装祭祀的牺牲的血液。在围绕庭院的围墙几米处的位置上，有一艘假船，那是太阳神每天穿过天空使用的工具。

关于它们所代表的意义，需要了解构成这一组建筑物的建筑的类型和位置，而太阳神庙实际上应该是奉献给太阳神的皇家陵墓建筑群。在太阳神庙举行的祭礼应该保证太阳神能够战胜另一个世界的邪恶力量，而夜晚象征着这些邪恶力量。在新

纽塞拉太阳神庙和太阳船

在开罗附近的阿布古罗布（Abou Gorâb），有一座极为罕见的古王国时期的太阳神庙，其结构至今仍保存完好（图片为放置祭品的祭台）。在第五王朝时期，已经开始修建献给太阳神拉的神庙，这种太阳神庙的设计与金字塔的设计十分相似：河岸庙、连接至上庙的堤道，以及具有金字塔元素的建筑（方尖碑）。在这些建筑物外围有一道围墙，许多祭司在墙内举行祭拜。

伊鲁卡普达之墓（第 87 页）

这是生活在第五王朝初期的一位高官，伊鲁卡普达（Iroukaptah）的职务是“王宫屠夫长”，他的马斯塔巴位于萨卡拉墓地乌纳斯金字塔附近。石块上的高浮雕展示出表示死者亲人的十个巨大的彩绘雕塑，而在上部的中楣上描绘了屠宰场进行屠宰的场景。

王国时期，皇家丧葬文字对太阳神这一胜利的记录充满了各种详细的情节。更具体来说，太阳神庙在第五王朝时期每位君主的丧葬祭礼相关的经济活动中都发挥了重要作用。

国王的丧葬祭礼

对阿布西尔墓地的发掘产生了极其特别的发现，那就是在那里发现了三组行政莎草纸文献，涉及三座不同的陵墓建筑群，即内弗尔卡拉·卡凯、肯特考斯二世和奈弗力弗拉的陵墓建筑群。这些文献包括罕见的文件，列出各种许可的交叉表格，以及神庙行政管理人员为确保神庙运转

❶ **太阳船**　使用黏土制成，这一元素无可争议属于仪式使用的一种要素，位于神庙外部的洞穴中。同其他在金字塔附近发现的船只一样，其目的在于为神庙崇拜提供一种通往苍穹的方式。

❷ **方尖碑**　这种建筑物修建在20米高的柱基之上，象征着希拉康波里的圣石——本本石（benben）。它是太阳的象征，根据每个城市的宇宙起源传说，代表着宇宙创建时所在的山谷。

❸ **祭品的祭台**　祭台位于院落中心，为石灰石质地，呈正方形。在祭台的每个边上都有象形文字——hetep，意为“祭品”。

❹ **上庙**　上庙装饰着法老五十周年纪念的场景（塞德节），位于院落入口正前方，临近（可能是象征性的）屠宰场和仓库。阿布古罗布上庙的灵感来自金字塔神庙的机构。

❺ **入口堤道**　入口堤道相当宽，长几百米，从河岸庙延伸至上庙。堤道的墙壁有时有装饰，象征着太阳从这里经过。

良好重视相应君主祭礼所使用的清单。最重要、最完整的一组莎草纸构成了我们今天所称的“阿布西尔莎草纸（或档案）”（papyrus d'Abousir），其发现于内弗尔卡拉·卡凯上庙中。

这些来自远古的残片，上面满是抄写员耐心的事无巨细的记录，使我们如今能够在一定程度上复原四千多年前就已经消失的国家的日常生活。

在提尼特时期，从祭品中获得收入以及举办丧葬祭礼，均有赖于分布在整个国土上的一系列宗教基地。这些基地是真正的农业经营中心，其产品储存在神庙中，保证君主

纽塞拉太阳神庙之狮

这一形象让我们想到太阳神拉的动物形象。这个形象表现的是太阳重生之力和无穷力量，这也解释了它为何会出现在太阳神庙上。

抄写员：地位显赫的官僚特权阶级

在《职业讽刺诗》（*Satire des métiers*）这部古埃及地位极高的文学作品中，有一种职业在一众职业中尤为出挑，那就是抄写员。实际上，在当时谁能够洞悉书写的奥秘，谁就是埃及社会里备受尊崇的人，如果他还是政府官员，那他的地位就更加崇高。想要成为一名抄写员，必须先去神庙学校或“生命之家”学习，在这些地方年纪小的学徒学习阅读，书写圣书体和僧侣体象形文字。抄写员对所有人开放，无论出身贵贱，每个人都有机会成为抄写员。有的抄写员在法老时代能够担任地位极高的重要职务，尤其是建筑师。

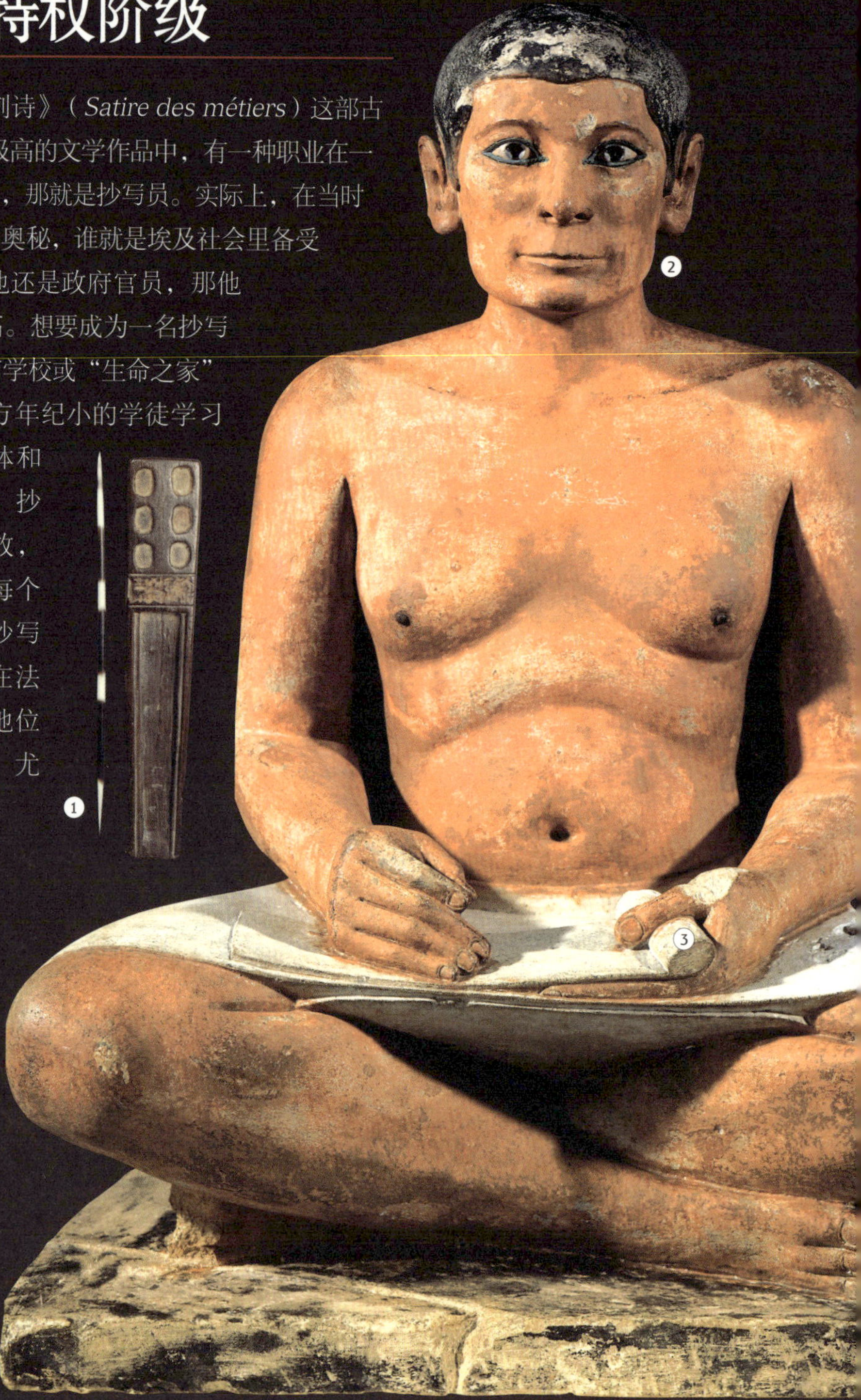

① **工具** 抄写员工作时要用到许多工具，如芦苇笔（带有斜面尖端的芦苇秆）以及带有红色和黑色颜料的调色盘。

② **姿势** 古王国时期，开始出现了盘腿坐着的抄写员形象。这一姿态意味着这些人具有较高的社会地位。

③ **载体** 有许多载体可用于书写文件，最常用的当属莎草纸，而莎草纸（papyrus）的供应由法老本人进行管理。

纸莎草：尼罗河的馈赠

古埃及时期用来书写的材料有很多，包括建筑物铭文的石头、涂有灰墁或带有陶器残片的木板。但最著名的还是莎草纸，这种材料非常珍贵，仅供王室使用。它由纸莎草（Cyperuspapyrus）植物的茎制作而成，这种植物遍布尼罗河两岸。先将茎分割成极细的薄片，纵横交错编织，植物的汁液正好作为黏合剂，然后压平，并将这种制作好的纸张拿去干燥。最终，获得的材料与纸张非常接近，容易储存，可以在其两面书写。由于造价高昂，莎草纸仅作为书写行政文书、外交信函以及丧葬之用。在死者带往冥界的物品中，就包括使用莎草纸写成的《亡灵书》（*Livre des morts*，上图为残片）。

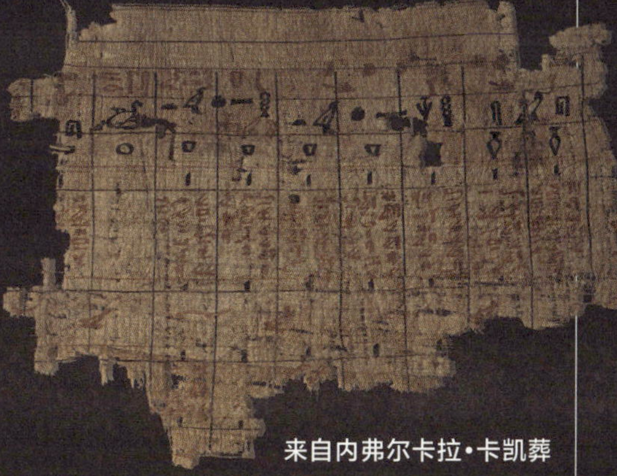

来自内弗尔卡拉·卡凯葬祭庙的莎草纸行政文书

抄写员坐像 该坐像制作年代应为第四王朝或第五王朝时期，现藏于巴黎卢浮宫。这座坐像使用石灰石雕刻后彩绘，是古王国时期埃及艺术的象征，栩栩如生地展示出了行政官员的形象。

巴勒莫石刻：记载洪水和统治的仪式

巴勒莫石刻是如今我们拥有的了解法老时期埃及历史的诸多王表中的一个重要史料。石刻源自第五王朝时期，包含了上至神话传说中的君主，下至内弗尔卡拉·卡凯统治时期中发生的所有最重要的事件。下图中的巴勒莫石刻主残片，现藏于西西里岛的巴勒莫考古博物馆。

这块黑玄武石残片，两面刻字，横向分为多个记录段落，记载着自前王朝时期至内弗尔卡拉·卡凯（第五王朝）统治期的国王列表，铭刻着国王名字的方形王徽，以及每位国王在位时发生的重大事件。在这块残片上，记录了每年洪水泛滥的情况，如尼罗河涨水水位以及一些税收情况。它还记述了每位法老举行的各类宗教庆典活动，以及最为人所知的军事行动。不仅如此，这块残片还记载了君主的建筑政令，以及在位时期最重要的建筑。它还标示出每位法老的在位年数。巴勒莫石刻上第一位已知法老是美尼斯（Ménès），是他统一了埃及，但是在他的名字之前还有好几个名字。专家们对这些名字的意义莫衷一是。他们究竟是在凡间的法老之前的统治者，还是参与了由国王实现埃及统一的前王朝时期的君主？

永生享用。然而，“阿布西尔莎草纸”上记载的信息显示内弗尔卡拉·卡凯祭礼中，这些收入并非直接来自已知的二十几个基地，而是来自他的太阳神庙“拉神心之所在”。对于一些特殊场合，有些财产来自“住所”，即法老的王宫，它是国家都城和统治地的象征。奇怪的是，似乎内弗尔卡拉·卡凯的太阳神庙的收入也并不直接来自君主的土地。实际上，有一个隶属于王宫的机构负责将国王领地内的产品集中起来，再将这些产品送往太阳神庙，然后再从太阳神庙将其运至葬祭庙。每月一次将未加工的产品送至太阳神庙，并由周围居民在相应的设施中当场进行加工（尽管考古

结果表明神庙的屠宰场可能从未投入使用），之后每天两次使用小艇将祭品送至葬祭庙。第五王朝时期的其他陵墓建筑群略有不同，但基本上都以这种类似的方式运作。

如果想要对皇家祭礼的支出费用有所了解，只需列举一些数字。仅内弗尔卡拉·卡凯的葬祭庙，每个月就要消耗 660 只家禽（每年则为 8000 只），以及 30 头牛身上肉质最好的部分（每年则为 360 头）。据推算，一头牛每天供 1000 人食用。仅举办一次节日庆典，奈弗力弗拉神庙就在十天时间里，也就是埃及的一周时间内每天献祭 13 头牛。因此，实际上的数

带有祭品的仆人

在萨卡拉普塔霍特普（Ptahhotep）的马斯塔巴上的浮雕中，出现了坟墓装饰最受欢迎的一种主体——人牵牲畜。上图中间是牛，那是神明最喜欢的祭品。

埃及法老的五个头衔

尽管一般来说我们只知道法老的一个名字，但实际上，法老登上王座时会拥有五个名字。这就构成了法老的王衔，五个名字分别对应五个代表法老不同品质的头衔。这一风俗源自前王朝时期，并贯穿整个法老时期。

古王朝时期，就出现了形成法老王衔的多个名字。从最古老的前王朝时期，到第四王朝雷吉德夫的统治时期，所有的名字都涉及法老对上、下埃及的统治。五个头衔中有一个头衔是出生名，其他的几个头衔对应不同的概念，尽管其他的头衔没有那么为人所熟知。只有出生时的名字和登基名才铭刻在碑上的王名圈中，如右图雕刻所示。在第一个王名圈中是出生名❶佩皮（Pépi），而第六王朝共有两位法老以此为名。加冕时选定的名字则出现在第二个王名圈中——❷内弗尔卡拉（Néferkarê），这使我们知道这是佩皮二世（Pépi Ⅱ）。

法老佩皮一世

这尊铜像是古埃及仅存的极少数金属雕件之一。实际上，大多数铜像在古代就被熔掉了。现藏于开罗埃及博物馆。

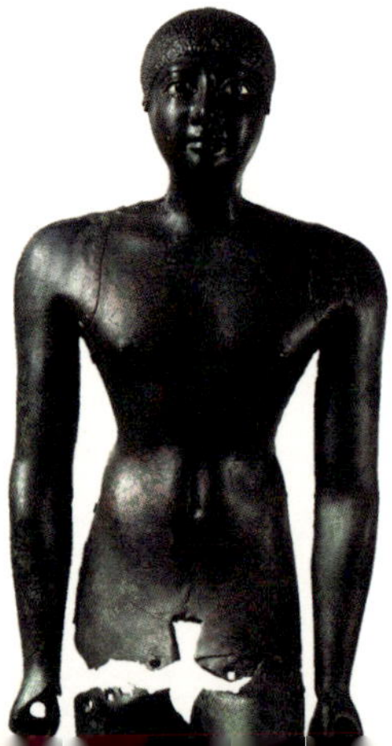

量不是小数目，尤其是可能同时举办多个皇家丧葬祭礼。尽管举办这些丧葬祭礼的目的是要统治永远延续下去，但一旦祭礼的对象故去，新的君主将重新分配已有的宗教基地，取消其中的一部分，同时设立一些新的基地，并将其中的一部分整合起来用于自己的丧葬祭礼。

每天要向神明奉献两次祭品，类似于国内其他神庙对神明的供奉。宫殿掌事

荷鲁斯名 这一头衔将法老和荷鲁斯联系起来，荷鲁斯是君王的守护神。荷鲁斯名和本名都铭刻在方形王徽上。

纳蒂，或“两女神”名 两位女神涅赫贝特（Nekhbet）和瓦吉特（Ouadjet），表示君主在上、下埃及的合法性。

金荷鲁斯名 一只隼位于象形文字“金”之上。金荷鲁斯名将法老和太阳崇拜结合在一起，太阳崇拜的重要性与日俱增。

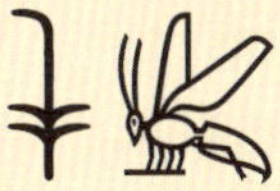

尼苏比提，“属于灯芯草和蜜蜂的人”名 赐“两地之王”头衔，两个要素表明国家的两个部分。

“拉神之子”名 在法老与拉神产生联系的时期，设立了最后的这个头衔，其也是最为人所知的一个头衔。

（Khentyseh，字面意思为“皇家宫殿掌事”）负责打开容纳神像的上庙的五个壁龛，对每尊神像进行清理、着服、化妆；这是一项他每天都需要完成的工作，同时还有一位神仆（hem netjer，字面意思为“神的仆人”）负责焚烧香炉或为每位神明进香。献祭可能是在庭院祭台上进行的。之后，为神像进行清洗并将洗祭物收集在容器中，然后通过沟渠排出神庙之外。壁龛的门关闭

第六王朝法老

公元前2345年—公元前2323年

特提（Téti） 乌纳斯死后，特提登上王位，他似乎没有留下后代。

公元前2323年—公元前2321年

乌斯卡拉 关于他的信息极少，可能是因为他在位时间过短。

公元前2321年—公元前2287年

佩皮一世麦雷拉（Mérirê） 这位君主曾两次遭到暗杀，但两次暗杀均被挫败。

公元前2287年—公元前2278年

麦伦拉一世（Merenrê Ier） 其在位时间为十年，和其上一任法老即他的父亲一样，他在努比亚地区相当活跃。

公元前2278年—公元前2184年

佩皮二世内弗尔卡拉 他是在位时间在整个埃及史上最长的法老（甚至是全世界历史上最长的君主）。

公元前2184年—公元前2182年

麦伦拉二世（Merenrê Ⅱ） 只通过曼涅托（Manéthon）的王表知道他曾经存在过。

公元前2182年—公元前2181年

尼托克里斯（Nitôkris） 尽管这是个女名，但这位法老很可能是一位男性，因为他的名字发生了变形。

拉神崇拜：古埃及主要的神

尽管新王国时期的阿蒙神崇拜似乎终结了拉神崇拜，但埃及主要的神仍然是太阳神拉，而人们很快就看到阿蒙神的名字后面加上了拉，造出了一位新神阿蒙拉。尽管卡纳克阿蒙神庙颇为雄伟壮观，但毫无疑问，在希拉康波里的拉神神庙几乎是它的三倍大。

传统的历史文献，总是倾向于将古王国时期希拉康波里的祭司视为一心想要夺取法老权力的野心勃勃的权谋者，认为每次改朝换代（第四王朝末期）或王朝衰败（第六王朝末期）都与他们脱不开关系。但是，现在很难继续这样看待他们，因为许多研究表明法老从未失势。埃及的君王本身就是神明，他们能随意作出决策或撤销决策。法老尤其有权任命他喜欢的祭司“取代”其他的祭司，以便按规定举行法老的祭礼。没有证据表明，法老在必要时没有动用自己的权力替换掉那些妄图推翻他的统治的祭司。对谋反佩皮一世的人进行审判以及“除名毁忆”，表现出了法老完全有能力做到这一点，尽管不可否认某些祭司试图获取权力，并利用权力为自己谋划利益，包括推翻君主统治。

插图　祭司尼玛特塞德（Nimaatsed）双像，出土于萨卡拉。现藏于开罗埃及博物馆。

并加贴封条后，最后的仪式就是向国王敬礼四次，使用装有水和泡碱的罐子为国王洗净，而泡碱是一种白色矿物质粉末，也用于制作木乃伊。神仆和皇家宫殿掌事最后用这个罐子在金字塔外围洒圣水，直至罐空。为此，他们沿顺时针方向走遍庭院，同时举行一种仪式，这种仪式被称为“神仆绕金字塔之路”。

在古王国时期，祭司的职责为临时负责行政管理，多名祭司同时存在，与其他在神庙工作的人一样都是长期履职的：

司祭朗读者、洗净者、抄写员、艺术家等。根据“阿布西尔莎草纸”记载，内弗尔卡拉·卡凯神庙中的流动职务，包括负责对祭司小组中工作祭司进行监督的检查员、祭司监察员、助手、十名神仆和十名宫殿掌事，而举办内弗尔卡拉·卡凯丧葬祭礼大约共需三百人。

皇家葬礼形成统一标准

与第五王朝一样，第六王朝的开朝国王是一位身份几乎不明的人。为了寻求上位的合法性，这位登上了上、下埃及两地王座的人将自己的陵墓建筑群修建在左塞尔陵墓建筑群附近，他很可能是皇室成员中一位不知名的贵族。他的荷鲁斯名为“上、下两地带回和平者”，可能表明王权交接时曾在尼罗河谷遭遇困难。然而，在乌纳斯和特提（Téti）统治期间最高层官员没有发生变化，使人认为在王朝更迭过程中并没有发生政治上的决裂。

第六王朝的君主们延续了历经数百年的君主制，试图加强对上埃及中心地区的王权统治，因为这一地区离都城甚远。他们打算以这种方式鼓励地方政权通过胡特-卡（hut-ka）参与皇家祭礼，而胡特-卡是一种为此修建的小型的偏祭台。除了逐渐掌控各省神庙，第六王朝的君主还发展了全国的胡特（hut）网络，进一步加强对整个国土的掌控。

胡特是行政中心，控制这一个地区的商品生产和储存，它们也是行政长官的宅邸，兼多个农业生产单元的职责。皇家行政机构在全国各地的影响力越来越大。各地的诺姆长埋葬在当地的墓地中，同样按照都城的设计修建规模稍小的陵墓：一座主要的坟墓，周围埋葬着想方设法埋葬在附近的地方名士。

第六王朝的主要君主特提、乌斯卡拉、佩皮一世、麦伦拉一世和佩皮二世似乎都以铁腕统治着整个国家。我们现在拥有的资料为我们展现了一幅明确的景象，那就是埃及王国已经实现了政治、经济和宗教的平衡。基本结构运行良好，国内信息传达顺畅。这种整体上的平稳反应，在王国的象征之物金字塔之上。

特提陵墓建筑群

围绕法老的金字塔的，一般是带有礼拜堂的高官马斯塔巴。这些礼拜堂围着一个或多个假的碑门（如图所示），而这种假的碑门能够让死者的灵魂——巴从陵墓中出来。

金字塔和文字

在这一时期修建的四个陵墓建筑群的主要金字塔尺寸一致，其边长为 150 腕尺、高约 100 轴（75 米 ×50 米）。同时，地下空间布置也完全相同。上庙的各个要素也保持统一，均分为两个区域，即内部和外部区域。在第一个区域中，进口大厅（被称为“伟人之家”）通向庭院（中庭），大厅和庭院周围都设有储藏室。一条横向走廊将外部区域和略高的内部区域分开，走廊的起点是一间具有五个壁龛的房间，里面放置着神像（在哈夫拉统治时期，这一建筑物并入神庙结构中）。这些壁龛中供奉的是上埃及君主国王像、下埃及君主国王像，以及一位身份确定的第三位国王像即奥西里斯（Osiris），而后两个神像代表的是谁就不得而知了。五个壁龛之后是一间有柱的正方形的房间，通往祭献厅，西墙上有一扇巨大的假碑门，而所有这些要素都带有仓库。

这一时期所有国王金字塔和数量繁多的王妃金字塔都有一个共同之处，那就是内室装饰有金字塔文。第一个在陵墓建筑群中雕刻金字塔文的是第五王朝最后一位法老——乌纳斯，而这些似乎是压在金字塔上的咒语，其究竟有何神力，以至于不再需要庞大的金字塔也同样能够登天飞升？

在 19 世纪末这些金字塔文重见天日时，人们起初以为这些文字是祭司在君主葬礼上随着他逐渐步入金字塔内部时宣读的并无特别含义的引文。但对这些文字进行进一步研究之后发现，祭司不仅在一进入金字塔时就开始诵念金字塔文，而且这些文字也并非缺乏连贯性的引文。每段完整的咒语似乎总是出现在金字塔房间中特定的位置上，这些房间每一个都具有一定的象征意义，而布满墙壁的金字塔文则提到了这些象征意义。因此，带有金字塔文的金字塔内部设计得完全一模一样。杰德卡拉・伊塞西是第五王朝中第一位没有修建太阳神庙的法老，他也是第一个为自己的金字塔采用这种设计的人。后来，所有的金字塔都以这个金字塔为范本建造。

金字塔文的另一项伟大创新之处在于使奥西里斯（Osiris）的神话传遍全埃及，因为这位神祇即将成为君王思想精神上的支柱力量。神话并不连续，散落在金字塔文的不同段落中。它讲述了弟弟塞特（Seth）想要篡权夺位，将哥哥奥西里斯谋杀并肢解的故事。奥西里斯的妻子伊西斯（Isis），也是他的妹妹，找到尸块后借助绷带将他重新拼凑起来（即制作了第一具木乃伊）使他复活，然后在他再次死去之前拥有足够长的时间使她受孕了。荷鲁斯便是伊西斯通过这种方式诞下的奥西里斯的遗腹子，他是一位长有隼的头部的神，并最终战胜叔叔塞特夺回王位。荷鲁斯成功地当上了新一任法老，获得了统治两地的权力，而死去的奥西里斯则

金字塔文：通往冥界的宗教礼仪书

金字塔的结构

第六王朝时期的金字塔都有装饰有金字塔文的墙壁，这些文字需要从金字塔内部向外部方向阅读，而每组文字都位于一个非常明确的位置。因此，这些金字塔的内部结构是别无二致的：经过一个向下的弯道，走廊变得平坦，通向一个入口，之后继续向前直至立有三个连续的三角烛台的地方。走廊通向一个门厅，从那里向西可以进入墓室，向东可以进入狭室。

从墓室……

墓室就是杜亚特（Douât，阴间）。西墙上的铭文保护着在石棺中等待重生的法老（夜晚，努特[Nout]代替拉为法老带来光明直至白天到来）。金字塔文从北墙上君主卡（生命力）的祭品咒语作为起始点，南墙上的文字是重生部分，东墙上则写着死者前进的咒语（在东侧，与太阳神拉一起重生）、升天咒语（直至极星）和继续前行咒语。

……到门厅

想要走完这段路，并且穿过地面的门（通向门厅的通道），国王需要汲取咒语的力量才能获得东墙上的食粮。门厅位于地面上，死者凭借西墙和南墙上的前进咒语向东方移动，直至变为阿赫（akh，发光的精神）。东墙上，奥西里斯宫殿门徐徐开启，墙壁上书写着保护咒语和这段路程的最终目标。狭室作为奥西里斯的宫殿，上面没有任何文字。

乌纳斯金字塔

这是第一座包含需要诵读的咒语经文的金字塔（左图为门厅部分）。尽管这座金字塔修建于第五王朝末期，但某些残片源自前王朝时期。在上面的浮雕中，一位女神正在为法老乌纳斯授乳。

乌纳斯金字塔象形文字

石棺所在墓室的金字塔文残片，上面能够看到保存完好的文字符号以及垂直排列的书写样式。

成为通往冥界必须经过之地的死亡国度的君王。法老荷鲁斯死去之后就变成亡者的法老奥西里斯，然后新的荷鲁斯的化身就会登上埃及的王座。这样，荷鲁斯往生之后成为奥西里斯，只有合法的君主才能够遵守丧葬祭礼，这种世代轮回就能够永世延续下去。

攻击法老

在整个埃及行政统治开展得如火如荼的同时，君主的形象似乎发生了根本上的变化，至少在王族成员的心中发生了翻天覆地的变化。在第三王朝时期，想到细心的法老本身就会使闯入陵墓建筑群的人自动离开。但在第五王朝，仅仅是触摸君主权杖这一行为就足够令相关的人置身于巨大的危险之中。祭司拉乌尔（Raour）就遇到过这种情况，仅因为在一次仪式中他无意间轻轻掠过内弗尔卡拉·卡凯的权杖而险些丧命。在第六王朝时期，君主不可侵犯似乎已经成为一个久远的记忆。据我们所了解，这一时期的埃及法老第一次险些成为他自己王宫成员弑君谋算的牺牲品。

在曼涅托最著名的著作《埃及史》（*Ægyptiaca*）中，他在公元前 3 世纪就已经断言第六王朝的第一位法老特提是被他自己的贴身侍卫杀死的。这一断言一直没有得到认真对待，然而最近对某些高官陵墓上显示出死后罚入地狱的研究，似乎表明这一断言所言非虚。

不可否认的是，后来佩皮一世发现了可能让他命丧黄泉的一次谋逆。高官乌尼（Ouni）是宰相之子，在他的自传中为此提供了确信无疑的证据：在他陵墓的墙壁上，他确认自己曾被法老选定作为这一案件的两名法官之一。凶手是大王妃，即王后本人。判决结果我们不得而知，但是在审判之后乌尼开始负责改善君主的个人安全问题。佩皮一世对王宫成员开始有所猜忌，他迎娶了省内一位贵族的两个女儿，之后这位贵族被任命为宰相。两个女儿都被称为安赫森佩皮（Ânkhesenpépi），她们各为佩皮一世诞下了一个儿子，后来这两个儿子都成了埃及国王，即麦伦拉一世和佩皮二世。尽管如此小心，佩皮一世仍然在即位第二十一年时再次遭到行刺。凶手似乎是高官的儿子，他们遭到了严酷的处罚。然而，尽管整个王庭笼罩着不祥的气氛，佩皮一世仍然统治了三十年之久，而他的两个儿子麦伦拉一世和佩皮二世在他身后相继即位。

古王国落幕

佩皮二世在同父异母的哥哥麦伦拉一世在位十年之后登基，他当时还是懵懂的孩童。一位专门处理与努比亚贸易的上埃及地区的官员希克胡夫（Hirkhouf）在自传中引述了这位年轻国王的信函，从这段文字中不难看出这位君王在上位之初仍然十分孩子气。希克胡夫向佩皮二世禀告他带回了价值高昂的异域货品，而年轻的法老立刻充满只有孩子才有的热情回复了他。比起所有其他带回的物品来说，最让这位君主感到欣喜的是看到这位官员带回的一个侏儒舞者，而国王甚至允诺如果能看到活着的侏儒舞者就要大大嘉奖他。

然而，最终佩皮二世长大了，完全成长为一位真正的国王。佩皮二世的统治期大约是古埃及史上最长的，有的文献表明他在位共计六十四年（按照已知的最后在位日期计算）。佩皮二世的统治十分成功，他尤为看重努比亚地区，而这一地区不同族群产生的人口压力似乎将埃及人从某些地区逼迁而出。西部沙漠的整条绿洲链（巴哈里亚 [Baharieh]、法拉弗拉 [Farafra]、达赫拉 [Dakhla] 和哈尔盖 [Khargeh]）是第六王朝君主们非常关注的一个区

梅切奇（Métchétchi）

与其所处阶级其他人所有的一样，这位古王国末期的高官拥有极高的权力和巨大的财富。在梅切奇不可胜数的陪葬品中，发现了一些带有多种镶嵌物的木制雕像。现藏于纽约布鲁克林艺术博物馆。

梅切奇陵墓图（第 104 页）

梅切奇陵墓位于萨卡拉。实际上，表现献祭队列的场景在官员大型马斯塔巴中很常见。现藏于巴黎卢浮宫。

域，因为沙漠道路在这条绿洲链上交会。最终，创建了达赫拉绿洲的一个重要地点——艾恩・阿西勒（Ayn Asil）。

佩皮二世死后麦伦拉二世即位，之后另一位君王即位，但是他的名字遭到变形，以至于变为一个女名尼托克里斯。在他们之后，国内财力匮乏——似乎曼涅托提到了两个短暂的第七王朝和第八王朝之后——埃及失去了恢复元气的能力。中央集权的管理机构消失，导致无法贯彻君主的意愿，国家因此进入多个区域文化团体并存的分裂状态。

传统历史文献认为，古王国的灭亡是由于佩皮二世老迈，不再能够遏制各地官员的夺权欲望。但是，如今对这段历史的描述则态度有所保留。实际上，在所有社会中，都存在其结构与生俱来的内在张力，任何一个社会的结构从来都不是完美的。只要时局适合继续保持对大部分居民有益处的强有力的政治框架，那么社会结构便会完好无虞。但如果出现外部负面环境或某些情形导致损失进而改变了这种状态时，张力便会不断累积，最终将会爆发出来而打破平衡。这就是第六王朝末期埃及面临的情况。当时，气候变得极端恶劣，尼罗河水泛滥，土地不再像过去一样肥沃，农作物减产严重，但税收官的胃口却丝毫没有减弱。当国家集中的权力和人民之间的矛盾一经激化，小型的权力中心立即接过接力棒，通过解决地方问题平复了危机。这并不是一个满是不幸和悲惨的时期，而是充满了各种能量的时期，整个国家的危机首先在各个地区层面得到解决。就此，埃及步入第一中间期。

档案：制作木乃伊——通往冥界之路

在埃及的宗教信仰中，人们认为应该将身体保存完好以便用于在冥界生活，而这使得埃及人探寻出许多人工手段和方法以避免尸体腐败。

尽管很多人认为埃及人是首先制造木乃伊的民族，但事实并非如此。实际上，这种风俗首先流行于智利阿塔卡马沙漠的新克罗文化中。智利

国王木乃伊

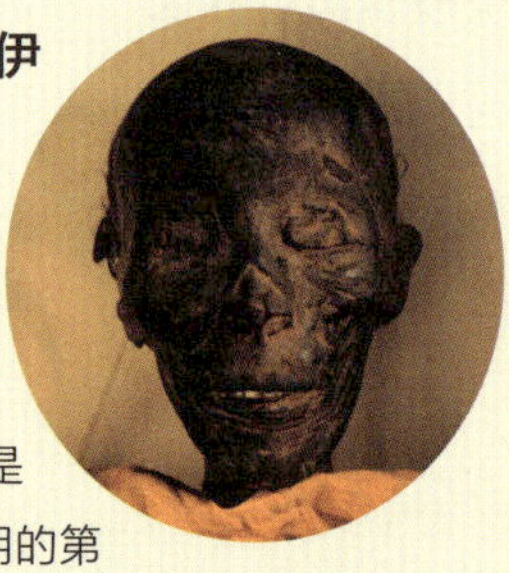

图特摩西斯二世（Thoutmôsis Ⅱ）是第十八王朝的第四位法老。尽管考古学家在著名的德埃巴哈利（Deirel-Bahari）藏匿处发现的五十多具木乃伊中包括这位法老的木乃伊，有些木乃伊的身份至今未能确定，但是人们普遍认为图特摩西斯二世的木乃伊葬在国王谷。现藏于开罗埃及博物馆。

奥西里斯审判 胡奈弗（Hounéfer）莎草纸展示出《亡灵书》中的场景。现藏于伦敦大英博物馆。

地区最早的木乃伊要追溯到公元前 7000 年左右，因此这些木乃伊的制作时期远远早于埃及的木乃伊。

在尼罗河谷，最早的木乃伊制作要追溯到公元前 4000 年左右的前王朝时期。这些木乃伊发现于希拉康波里的考古遗迹，当时希拉康波里曾是主要的政治中心之一，在埃及成为实际上首个中央集权国家的进程中发挥了举足轻重的作用。

这些对人体保存的初步尝试是将亚麻布浸在松脂中，然后将其放置在人体中某些特定位置里，将尸体填塞后

太阳船形状的徽章

第十九王朝时期的这种徽章同样在葬仪中使用，太阳神拉将往生者运往冥界。现藏于里斯本卡洛斯提古尔班基安博物馆。

葬仪演变：从土葬到《亡灵书》

公元前3000年之前

死者被埋葬在沙漠的沙土中，这样通过脱水自然形成木乃伊。

约公元前3000年

在第一王朝和第二王朝时期，开始使用绷带缠绕尸体，并使用香料进行防腐保存。

约公元前2628年

法老左塞尔（第三王朝）是第一位埋葬在金字塔中的法老。之前，无论国王还是贵族都埋葬在泥砖和石质的马斯塔巴中。

约公元前2375年

自乌纳斯——第五王朝最后一位法老开始，保护国王通往冥界的金字塔文开始铭刻在陵墓的墙壁上。

约公元前2050年

在中王国时期开始出现文字，这些文字书写在木质的棺木上。

自公元前1492年起

法老和上层阶级选择埋葬在国王谷中陵墓之下的地下坟墓中。

约公元前1250年

在第十八王朝时期，出现了《亡灵书》，这是一套保护通往冥界之路的神奇经文（formule）。

用绷带缠身，最后用裹尸布裹紧。使用这种方法制成的木乃伊中，最好的示例能够在一具名为“帕蒂”（Paddy）的木乃伊身上看到，这个名字是由发现这具木乃伊的人员命名的（墓B85）。这具木乃伊的双手、小臂、头骨下部、颈部、面部以及颌部均使用了这种制作方法，但眼部、鼻部、口唇和面颊则简单地包裹在裹尸布中。同样，在希拉康波里，出土了一具男性木乃伊（墓B412），他的每根手指都是单独缠绕绷带的。

近几年的这些发现，彻底改变了埃及木乃伊制作起源的相关理论。此前，人们认为这种用于使尸体殓入棺材下葬后不腐的技术，有别于直接将尸体埋葬在沙土中自然木乃伊化的方法。然而，可以肯定的是，制作木乃伊在埃及兴起时是出于精神意识的原因，但至今我们对这种方法的意义仍然一无所知。

在发现了初步尝试制作木乃伊的阶段后，其到提尼特时期之间这段时期的情况我们并不了解，而在提尼特时期法老的尸体仍然使用防腐香料保存，如在哲尔陵墓中发现的手臂。后来，在古王国时期，这种风俗逐渐在社会的上层阶级得到普及。当时，使用的技术不同于后来的技术，身体虽使用泡碱干燥，但并没有去除内脏。这种做法的目的，主要是将尸体制作成死者的塑像。因此，人们用绷带缠绕尸体后

神秘的开口仪式

对于埃及人来说，人由五个要素构成：身体、卡、巴、影子和名字。人死之后，这些要素便会分崩离析，因此想要让死者能够在冥界重生，就需要通过葬仪将这几大要素再次聚集起来。制作木乃伊可以使死者的身体保存下来，为死者的巴（人作为个体的身体之外的全部特征）带来一种连接，巴通过这种连接能够离开身体，并在人间游荡之后回到身体。为此，要通过开口仪式使死者复活。这个仪式一共包括七十五个步骤，在仪式上必须使用具有"鱼尾"刀片的刀或克赫帕什镰形刀，一只公牛蹄或一把陨铁横口斧。仪式中需要使用选定的工具，触碰木乃伊的所有孔。这样，到了冥界，死者就能够再次耳能听、口能食，并能够排泄、说话、拥有性生活等。

插图 画作发现于德埃巴哈利的因赫哈乌（Inherkhâou）墓中。

将其浸入松脂中，并将布料缠紧，勾勒出身体的形状，有的木乃伊甚至能够清楚地看到男性生前曾行过割礼。在某些情况下，使用的不是松脂而是石膏，其更能够使身体具有塑像感，然后再进行绘制：皮肤涂成黑色，眼睛和眉毛是绿色的，嘴则是红色的。在某些男性木乃伊身上，甚至会绘制上唇胡或络腮胡。经过这些技术处理，只有骨骼能得以保存，因为肉体在石膏壳内部仍旧会腐坏。因此，人们开始采取摘除内脏的方法，而去除了体内的器官就能够使尸体更不易腐坏。与此前一样，最先实验这种新技术的是王室成员。其中，第一位就是赫特弗瑞丝（Hétephérès）女王，在她的陵墓中出土了最早的礼葬瓮，即用于盛装不同器官的容器。

在中王国时期，制作木乃伊的最终方法还没有出现。除了使用泡碱脱水干燥外，还使用了一些其他的技术。其中，包括通过肛门将具有干燥作用的物质放入人体，如某些葬于门图霍特普二世（Mentouhotep Ⅱ，第十一王朝）陵墓建筑群中的王妃似乎用这种方法处理过。在同一时期，取出内脏的技术获得改善。埋葬在阿美涅麦斯（Amménémès，第十二王朝）位于代赫舒尔的金字塔中的两位王后，就是最早通过打碎筛骨从鼻子取出脑部制成木乃伊的人。

但是，穷得身无分文的人仍然直接埋葬在沙土里，沙子使尸体自然风干。相反，那些生活安逸但没有足够的钱购买泡碱的阶层，则先埋葬在沙土中，让沙子吸收尸体腐坏产生的液体，然后再将干尸掘出用绷带缠绕。这种简单且价格低廉的方法（绷带通常使用用过的布料制作）可能在中王国时期第十一王朝门图霍特普二世统治期内，用于在战场上被杀死的六十多名士兵，而发现他们木乃伊的坟墓被包裹在布料之中。

制作木乃伊的具体步骤

制作木乃伊的方法，在几个世纪之间都没有发生任何变化。实际上，直到新王国时期，埃及制作木乃伊时使用的都不是制作我们今天了解的木乃伊所使用的最终技术。传统木乃伊制作方法共分为十四个步骤。

一旦人已经往生，第一步就是将他的遗体转移至一个临时搭建的结构，这个结

保存身体：永生的要求

制作木乃伊的程序非常缓慢且细致。在人死后，需要立即开始处理，并耗时几周时间。

香精油 除了在制作木乃伊时会用到香精油外，还会在随葬品上使用香精油。

插图 第十八王朝时期阿美诺菲斯三世（Aménophis Ⅲ）的随葬品，现藏于都灵古埃及博物馆。

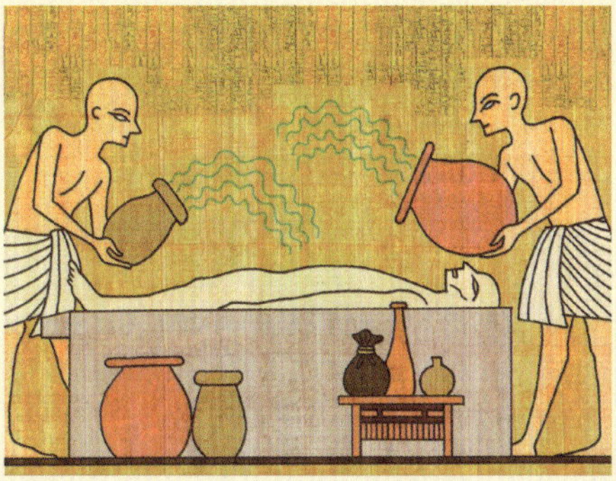

洗身 在开始真正制作木乃伊之前，首先要尽快处理死者，避免尸体腐坏。人刚一过世，就会将他的尸体运送至一个用于按照明确的仪式为尸体洗净进行准备的地点。然后，尸体保存者才会开始他们惊人的工作。

取出脏器 制作木乃伊的第一个步骤就是将死者的脏器取出。尸体保存者首先从鼻部取出大脑，然后在腹部左侧切开，摘除肠、肝、胃和肺。这些器官经过脱水储存在礼葬瓮中。

死者干燥和整理 制作木乃伊本身指使尸体脱水，避免尸体腐烂，方法则是将尸身埋葬在天然的盐——泡碱之中。经过四十天的干燥，尸体的重量将会减轻一半，这时再将死者掘出。然后，尸体保存者清洗尸体并缝合腹部的侧切口。

缠绕绷带和丧葬护身符 尸体脱水后就准备好面对永恒的生命，并在尸身上涂圣油，然后将其浸没在大量松脂中。在缠绕绷带这个最后的步骤时，尸体保存者在布料绷带上放置许多用于保护死者免遭厄运的护身符。

构被称为塞赫涅提耶尔（seh-netjer）。如果死者是一位君主，则称为“神室”；如果是普通人，则称为伊布昂阿布（ibuenab），或称“洗身帐”。在这种“移动帐篷”中脱掉死者衣物，对遗体进行清洗。这个步骤需要尽快完成，因为在埃及恶劣的气候条件下，遗体很快就开始腐烂。同时，这一步骤可能是由死者的亲属负责完成的，是死后的第一项操作步骤。

第二步，将清理准备完毕的尸体运送至防腐的地点，这个地点被称为乌阿贝（ouâbet，“清洁之地”）或佩尔奈弗尔（pernefer，“美屋”）。

在身体运送至手术台上后，就开始进行第三步。这一步首先将打断筛骨，将钩从鼻部伸入大脑，以便去除粥状脑浆，之后旋转头部使液体从头骨中流出。

第四步，在腹部左侧切开切口，将内部器官从身体中摘除，这个切口与髋骨平行（之前的切口与肋骨垂直）。之后，尸体保存者将手伸进身体中，取出肠、胃和肝。然后，尸体保存者将割开尸体取出肺，同时要小心不要损坏心脏，因为心脏是智慧和情感之所在，要保留在原来的位置上。

第五步，先使用水，后使用棕榈、酒清洗内部，尽可能进行消毒。

第六步，刚刚拆除的器官将在泡碱中进行脱水，然后缠好绷带放置在礼葬瓮中（自第二十王朝开始，脱水干燥后的脏器将重新放回身体内部）。

第七步，尸体内部脱水，使用没药树脂、松脂以及泡碱和亚麻小包裹防止尸身僵硬。

这样遗体已经准备好进入第八步：将遗体摆放为需要的姿势，并浸入300公斤泡碱中放置四十天。泡碱是一种天然的盐类，由不同比例的碳酸钠（主要成分）、碳酸氢钠和氯化钠（食盐）构成。之所以被称为泡碱（natron），是因为埃及人在开罗附近的瓦迪-纳特鲁恩（Ouadi Natroun）发现了这种物质，泡碱在上埃及的尼可布（Nekheb，卡布 [El-Kab]）也有分布。

第九步，确认遗体是否已经干燥且脱水。这时应将遗体从泡碱中取出，并取出内部充满邪气和不洁之物的填塞物，再将尸体埋葬在坟墓附近。

在第十步中，遗体在防腐过程中大约失去了一半的重量，需要尽可能地使遗体

礼葬瓮

干燥的脏器保存在一种被称为“礼葬瓮”（卡诺普 [Canope] 坛）的容器中，这个名称是由于在古埃及学最早研究时出现的一种错误的解释。卡诺普是斯巴达国王墨涅拉俄斯（Ménélas）的手下，国王迎娶了美丽的海伦（Hélène），但海伦却受到帕里斯（Pâris）的诱惑，导致后来发生了特洛伊战争。在三角洲地区，卡诺普以坛子的形象受到崇拜，所以 19 世纪的埃及学者以为在许多墓地中使用的四个瓮代表着这位希腊神话人物。起初，礼葬瓮保存在石灰石雕刻的盒中，但也保存在陵墓地面或墙壁上挖出的方孔中，并带有或平或向内弯的盖子。最古老的礼葬瓮是在萨卡拉胡夫母亲赫特弗瑞丝（Hétephérès）的陵墓中发现的。在第一中间期，平滑的瓮盖被装饰有人头的盖子取代，但这一做法仅持续了很短的时间。在中王国时期，每个瓮盖都装饰有荷鲁斯四子之一的头。这样，每个脏器都能通过特殊的神祇进行区分，而这些神祇则各自受到一位女神庇佑。因此，肠与鹰头凯布山纳夫（Kébehsénouf）相关，受到塞尔凯特关切的目光守护，胃则通过豺狼头多姆泰夫（Douamoutef）标示，受到女神奈斯的守护；肝与人头艾姆谢特（Amset）相关，由伊西斯守护，而肺则与狒狒头哈碧（Hâpi）联系在一起，守护神是女神奈芙蒂斯（Nephtys）。

插图 礼葬瓮，来自图坦卡蒙（Toutankhamon）的陵墓。现藏于开罗埃及博物馆。

具有自然的外观。这时，器官已经放置在礼葬瓮中，在身体内部器官原本所在的位置上放置泡碱、沙子和洋葱的小包，这些小包散发着怡人的香气。闭合侧切口时，使用松脂或浸满松脂并包含金箔的布料。自图特摩斯三世（Thoutmôsis Ⅲ）统治时期起，更确切地说自第二十王朝开始，缝合成为闭合切口最常见的方式。这是已经接近木乃伊的最终形态。

在最后的步骤之前是第十一步，这一步骤需要封闭头部的孔，一块上面绘有双眼的布料将放置在眼部。这时需要对身体进行美化，如通过延长发丝，使头发看起来茂密；用黑色的线条绘出发根，用散沫花叶色素为眉毛和指甲染色。由于在冥界男性的性能力十分重要，因此特别对男性的生殖器部分进行了处理，可能会重新放置一根阳具，或使生殖器与肌肉粘贴在一起，同时还要避免被可能出现的盗墓贼看到。

第十二步将继续化妆，使木乃伊皮肤色泽更自然，之后再用香精油熏香。

出于同样的考量，在第十三步中将使用大量液态松脂浇淋尸体，待到干燥之后将形成一层保护层。

在第十四步中，将死者脱水后的身体加工成埃及传统木乃伊，也就是我们今天看到的绑缚着绷带的木乃伊，绷带形成紧凑的螺旋形，几乎两圈在同一圈层上。绷带多为4~6厘米宽，首先从头部开始缠绕，之后逐渐向躯干部分缠绕，再缠绕一条腿，然后是另一条腿，最后则是手臂，手臂的姿态按照选定的姿态摆好。

在新王国时期，男性和女性的木乃伊手臂均放置在身体两侧，双手交叉放置在生殖器部位上，而国王则是双臂在胸前交叉。有些木乃伊呈现出“包裹”外观，这是由于发现时木乃伊外部覆盖了固定的裹尸布，或装饰了层层叠置的绷带。自新王国时期之后，在这种丧葬布料上，甚至有的在绷带上，发现了《亡灵书》的文字。尸体保存者在用绑带进行绑缚时，会在身体上放置多个具有各种不同功能的护身符，其中最重要的护身符为“圣甲虫”（scarabée de coeur），上面的文字被视为用于避免心脏这一器官在奥西里斯审判死者时，作为证人做出不利于死者的证词，而让死者无法在冥界重生。

丧葬队 手持用于冥界生活的陪葬品的仆人们，这是古纳地区拉莫斯（第十八王朝）陵墓中的绘画。

疗愈能力

生活于公元前5世纪的古希腊历史学家希罗多德（Hérodote），是第一位研究埃及木乃伊制作技术的人，因此确认了如上所述制作程序的奇特之处。然而，这种方法被称为“木乃伊”最初始于罗马时代，埃及文为sah。老普林尼（Pline l'Ancien）在描述一种我们今天称为沥青，波斯人当时称为木米亚（mumia）的自然物质具有疗愈功能时，首次使用了这个词。之后，老普林尼所称的这些疗愈功能继续令人惊叹，导致出现了木米亚出口的贸易热潮。由于生意红火，导致自然资源开始枯竭，但埃及的商人不想失去大赚特赚的商机，开始寻找能够替代这种物质的类似物质。很快，这些商人便成功地找到了松脂，并在涂过香膏的尸体上大量浇淋不掺水的松脂。埃及几百万具各类木乃伊都涂了松脂，证明当时的生产是有保证的，而且是可

石棺：人类身体最后的居所

死者的身体一旦被制作成木乃伊之后，就会放入适合死后永恒存续的所在——棺椁（一般而言为木质的，里面放置尸体）以及石棺（一般来说多为石质的，里面放置棺椁）。随着时代发展，棺椁和石棺的形状、装饰不断变化，使它们成为埃及学者编年信息的珍贵来源。

礼葬面具 这些中王国时期的面具，是由“纸板”（经在石膏中浸泡的亚麻层）制成，构成木乃伊的额外保护。现藏于伦敦大英博物馆。

❶ **最初的棺椁** 在中王国末期，棺椁是长方形的，但不是很长，且具有人的形状。死者埋葬在坟墓中。

❷ **石棺** 为保护木乃伊所在的棺椁，埃及人将木乃伊放置在一个或多个石棺之内。

❸ **羽饰棺** 自十七王朝开始，棺椁具有羽饰，代表着棺椁的守护女神。

❹ **面部色彩** 根据传统，男性棺椁面部涂红色，女性的涂土黄色。

❺ **幸运符** 有时死者要求把他最心爱的幸运符放进棺椁中，涂好香膏，放置在他的脚下。

❻ **棺椁表面** 棺椁的内部和外部都装饰着与神明有关的场景和祭文，在冥界伴随死者。

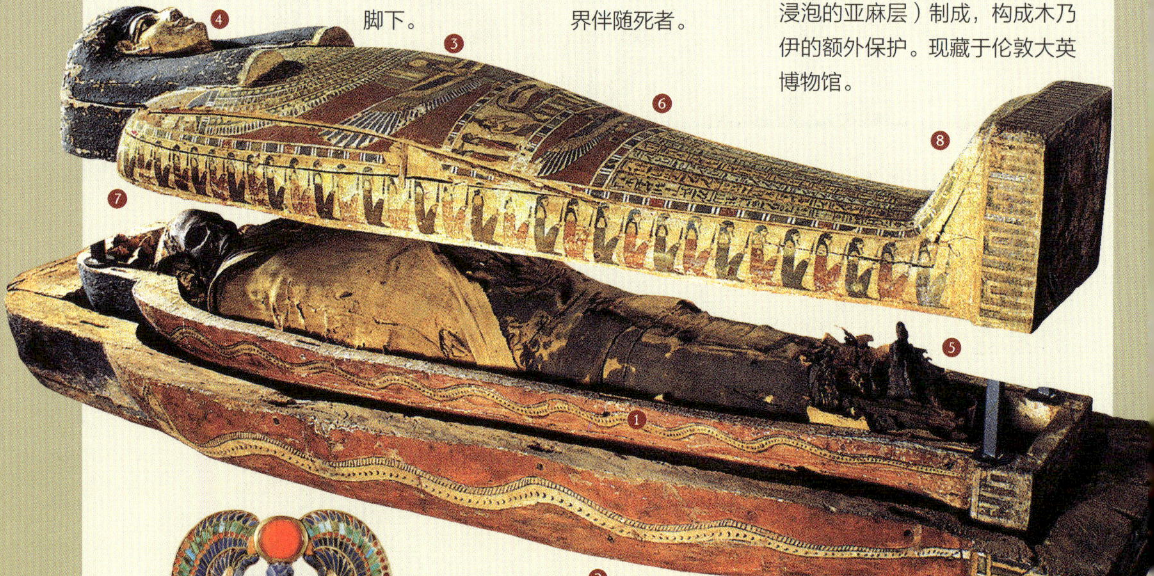

❼ **棺椁盖内部** 一般来说，绘有天空女神努特（Nout）的画像，她保护死者，并将棺椁变成另一个世界的样子。

❽ **棺椁底部** 在石棺前坟墓入口处举行丧葬活动最后的仪式时，棺椁保持直立，这可以解释为什么棺椁的底部很宽。

石棺、棺椁和木乃伊 它们相继套嵌，其所属年代大约为公元前500年。现藏于柏林新博物馆。

护身符 护身符放置在木乃伊头带之间，其中最受欢迎的就是“圣甲虫”。这枚是图坦卡蒙的圣甲虫，现藏于开罗埃及博物馆。

巫沙布提俑——死者在冥界的仆人

埃及人相信冥界的生活与生者的世界相似，人们也要在冥界劳作。因此，他们创造了替身，在不同时代的名称有所不同：巫沙布提（oushabti，中王国和整个法老时代）、沙阿布提（shaouabti，第十七王朝至第二十五王朝）、沙布提（shabti，新王国末期）以及乌舍布提（oushebti，自二十一王朝至晚期王朝）。这些木乃伊雕像象征着代替死者在冥界田间劳作的替身。

插图 左图，图坦卡蒙（Toutankhamon）的巫沙布提俑，现藏于开罗埃及博物馆；下图，保存巫沙布提俑的箱子，现藏于巴黎卢浮宫。

持续的。松脂除了气味怡人，而且欧洲地区的医生认为木乃伊风干的肉和骨骼的残存部分还增添了某些疗愈功能。因此，法老时期埃及涂有香膏的尸体最终和源于波斯的具有香气的物质混淆起来，被称为木乃伊。

尽管在治疗时使用颇广，但是到了 16 世纪，有些医生开始提出木乃伊粉末具有疗愈功效是一场骗局。这种观念逐渐被公众所接受，将木乃伊用作药物的做法越来越少，虽然 19 世纪的波斯王将木乃伊作为礼物送给英国的维多利亚女王。之后，木乃伊粉末被用作制造经久不褪色的栗色颜料供当时的画家使用，或者作为田间地头使用的肥料。但是，木乃伊很快就被视为来自古代的重要遗存，能够提供大量古埃及生活信息的古代遗物。经过埃及学者以及古生物学者研究，证明木乃伊是使令人理解尼罗河谷生活重要层面或埃及饮食习惯的珍贵信息来源。

微缩士兵

军队的缩小比例模型的出现，如这些出土于艾斯尤特（Assiout）的梅塞蒂（Mesehti）陵墓的人俑，显示出这一时期社会的不稳定性。现藏于开罗埃及博物馆。

插图（右侧） 陶土祭台，现藏于巴黎卢浮宫。

王权危机

随着古王国解体，埃及开始了第一中间期，统一的国家分崩离析，政权割据，地方（potentats）分而治之。这标志着埃及政治统一时代的完结。在一个半世纪的时间里，南方和北方拥立不同的国王，各自设立都城。埃及沦为真正的“两地”。

在塞本尼托（Sebennytos）的曼涅托，是托勒密时代的埃及僧侣，他撰写了一部名为 *Ægyptiaca* 的埃及史著作。这部书对现代历史观具有深刻的影响，为后人留下了法老时期的朝代划分。然而，尽管曼涅托在编写年表时参考了埃及典籍，然而这些年表中含有的信息并不是全然准确的。因此，关于第一中间期的第一王朝就存在多处谬误。实际上，在这一时期，共有两个王朝在埃及进行统治，一个位于赫拉克略奥波里（Héracléopolis），另一个位于底比斯。在很长时间里，这两个王朝在埃及分而治之，直至最后位于底比斯的王朝取得胜利，最终统治了整个埃及。在门图霍特普二世时期，这种优势凭借再次统一上、下埃及而进一步增强。曼

第七王朝和第八王朝的法老

公元前2181年—公元前2055年

在这一混乱时期，我们所知的名字并不多，他们都是第八王朝的法老。

内弗尔卡拉（Néferkare）

“永久的活金字塔”的墓主国王。

卡凯拉·伊比（Qakarê Ibi）

他修建的金字塔体积更小，装饰有金字塔文。

内弗尔卡乌胡（Néferkauhor）

我们对这位君王知之甚少，他在位约四年。

伊提（Ity）

“灵魂巴金字塔”的墓主国王。

伊姆霍特普（Imhotep）

只知其名的法老。

科威（Khoui）

他的陵墓位于达拉（Dara）。

涅托谈到了第七王朝和第八王朝，而是否存在第七王朝尚无定论。同样，关于第七王朝，“在七十天内，共有七十位国王先后上台”的信息也无法令人尽信。对于考古遗迹的研究和后世的王表，似乎显示出第七王朝并不存在，而第八王朝似乎直接继承于终结了古王国时期的第六王朝。在都灵皇家纸莎草所提及的十七位国王中，仅发现了少数几人的遗存，如伊提（Ity）、伊姆霍特普（Imhotep）和卡凯拉·伊比（Qakarê Ibi）。

第八王朝的君主生活在孟菲斯，在曾经无比强大的皇家统治的断壁残垣上，对整个埃及领土仅维持了象征性的统治。实际上，在直接受到都城影响的区域之外，他们几乎毫无行动力。这一时期没有巨大的丧葬建筑，而这也证实了资源短缺的情况。由于无力筹措足以修建金字塔的资源，甚至连修建比第六王朝的金字塔更小的金字塔的资源都无法实现，这一时期只有两个陵墓建筑群的名称为人所知，即内弗尔卡拉的“永久的活金字塔”和伊提的“灵魂巴金字塔”。唯一得以保存的金字塔是卡凯拉·伊比金字塔。与许多人可以猜到的一样，这座金字塔修建在萨卡拉具有代表性的孟菲斯墓地，紧邻谢普塞斯卡弗的马斯塔巴通道的一侧，在上庙和下庙之间。这座金字塔不过是使用尼罗河泥黏合的小石灰石块堆，而且似乎一直没有完工。因此，尽管基座边长大约 31 米，倾角为 60°，但现在仍然难以估计这座金字塔的高度。从规模上看，它更像是第六王朝的王后金字塔。某些埃及学者提出，这座金字塔可能就是一座王后金字塔，伊比发现这座金字塔未完工后据为己用了。然而，这座金字塔更有趣之处在于墓室装饰有金字塔文，其中有些内容只发现于这座金字塔。

各省的印记

在商博良（Champollion）成功解读了象形文字后，埃及学得以诞生，埃及学者始终恪守学科创立伊始所设立的哲学原则，并根据文学资料重建了第一中间期的埃及社会。这些资料是中王国时期的书面记载，其中描述了距中王国时期不远的那个令人心碎又蟑螂横行的时代，如《伊普尔哀歌》《埃及智者训诫》《聂非尔提预言》，或《与他的巴绝望的对话》。这些内容给人留下的印象仍充斥着今天历史书籍的字里行间，即当时是一个危机四伏的时代，文明在尼罗河谷地区几乎已经消失殆尽。富有的人变得一贫如洗，穷苦的人一夜暴富，没有人再重视所有权，杀烧抢掠不过是寻常之事，饥荒肆虐，甚至发生吃人的恶行。

正因如此，当考古结果展示出与此完全不同的面貌时，着实令人意想不到。与古埃及时期的信息类似，这一时期的信息主要源自陵墓建筑、墓地和墓葬。在古王国时期，普通人的坟墓十分罕见，但在第一中间期数量明显增多。此外，在这一时期随葬的平均财富显著增加。这种现象一方面是由于人口增长，另一方面因为之前被王庭耗尽的财富自此之后在各省之间有所存留。

当王庭和廷臣关系破裂之后，孟菲斯的艺术风格很快成了历史。这种艺术风格至多仍然是理想的范本，但已经不再是唯一需要遵行的标准。各省的工匠并不掌握都城工匠们使用的技术，当遇到问题时只能自行摸索解决。由于需求不断增长，这些工匠的数量越来越多，并开始专门制造各类随葬品。在此之前，在古王国时期，死者在下葬时仅仅随葬其生前使用的物品而已。与古王国最杰出的成就相比，第一中间期的随葬品缺乏美感，风格混杂。然而，这些随葬品完成了自己的使命，甚至

比之前的产品更有优势。

仅举一例证明都城传统护心甲的消失对于埃及社会而言并非损失。这一古王国时期传统陶瓷件多为椭圆形，但很快这种样式就被淘汰了。几个世纪以来，在尼罗河谷地区，人们一直使用陶器转盘制作黏土件的上半部分，其余部分通过刮擦原料制作。然而，在第一中间期，当时的陶工并不具备都城陶工的技术，制陶者使用的是慢速转盘。因此，制作出的器皿偏圆，在容器底部需要刮擦的部分略微收细。

在都城中，尽管国王的统治时间短暂，但是他们仍然尽力营造强大的家族政权，以及整个国家唯一统帅的形象。对于各省的官员而言，这方面的情况明显更加复杂。他们

是由法老任命的官员，有的是直接任命的，有的是子承父业，因此他们的权力和影响力完全取决于君主，这种依附性之大有时导致他们的职位甚至无法传给自己的孩子。尽管如此，他们仍然是各自管理的各省首府被效仿的对象，他们的陵墓全都修建在墓地中，但离开这一限制性的范围事情就开始发生变化。

地方政权

地方权贵在城市中袍笏登场。在权力和财富方面，他们无疑能与遥远王庭任命的官员比肩。这有些类似于建立在亲缘血统之上的前王朝时期，这种模式再次焕发生机。考虑到君主已经取消了教士的俸禄，因此成功取决于功绩

伊提陵墓壁画

这一时期的艺术特点在于人物比例完全失调。这是一位名为伊提的官员的陵墓壁画，位于戈伯伦（Gebelein），现藏于都灵埃及博物馆。相反，艺术的主题仍然是古王国时期马斯塔巴中的主题（农作或放牧的景象），使用的颜色对比更加强烈，使画面更加鲜活生动。

石棺文

在第一中间期，普通人也可以往生冥界。最重要的例子是祭文的出现，即石棺文，它源于古咒文。现藏于柏林新博物馆。

这种咒文出现于金字塔文之后，但包含新的内容。这些文字铭刻在棺椁之上，用来保证墓主人获得永恒的生命。

❶ **红色**　红色的象形文字表示咒文的开头部分。每章内容都用于避免冥界的一种危险，或提及一位神明，尤其提到奥西里斯。

❷ **文字类型**　撰写这种石棺文的文字是一种象形文字的草体。这样，字符更加简洁，书写得更快。

❸ **主题**　除了在冥界复活之外，在石棺文中出现了新的主题，即提及冥界的主宰奥西里斯的审判，这将对天国的注意力转移到陵墓的地下王国。

巫沙布提俑

在第一中间期末期，埃及陵墓中出现了属于随葬品的神奇雕像，即巫沙布提俑，当时人称之为沙布提俑。这些神奇的仆人在冥界会具有生命，服侍死者。木雕彩绘件，现藏于都灵埃及博物馆。

而非与王庭的联系。如果说之前的祭文多歌颂死者为法老立下的功勋，这一时期开始祭文则多是描述死者如何照料家族和他的随从。家庭再次成为权力核心，导致在需要证明自己统治的合法性时再次搬出家族谱系传承，甚至编造家族神话。

在第一中间期，在家族中出现了这一时期的最典型特征之一，即在不同类型的坟墓中发现了变化，这种变化首先始于地方统治者，他们希望能够明确表明自己的身份，并且表明自己所在的地区。除了增加提供给普通人的墓地数量之外，还发现各省的马斯塔巴数量发生了明显变化，而这些马斯塔巴肯定不是也不可能是由孟菲斯法老提供资金修建的。之前，古王国时期社会精英的坟墓只埋葬一位

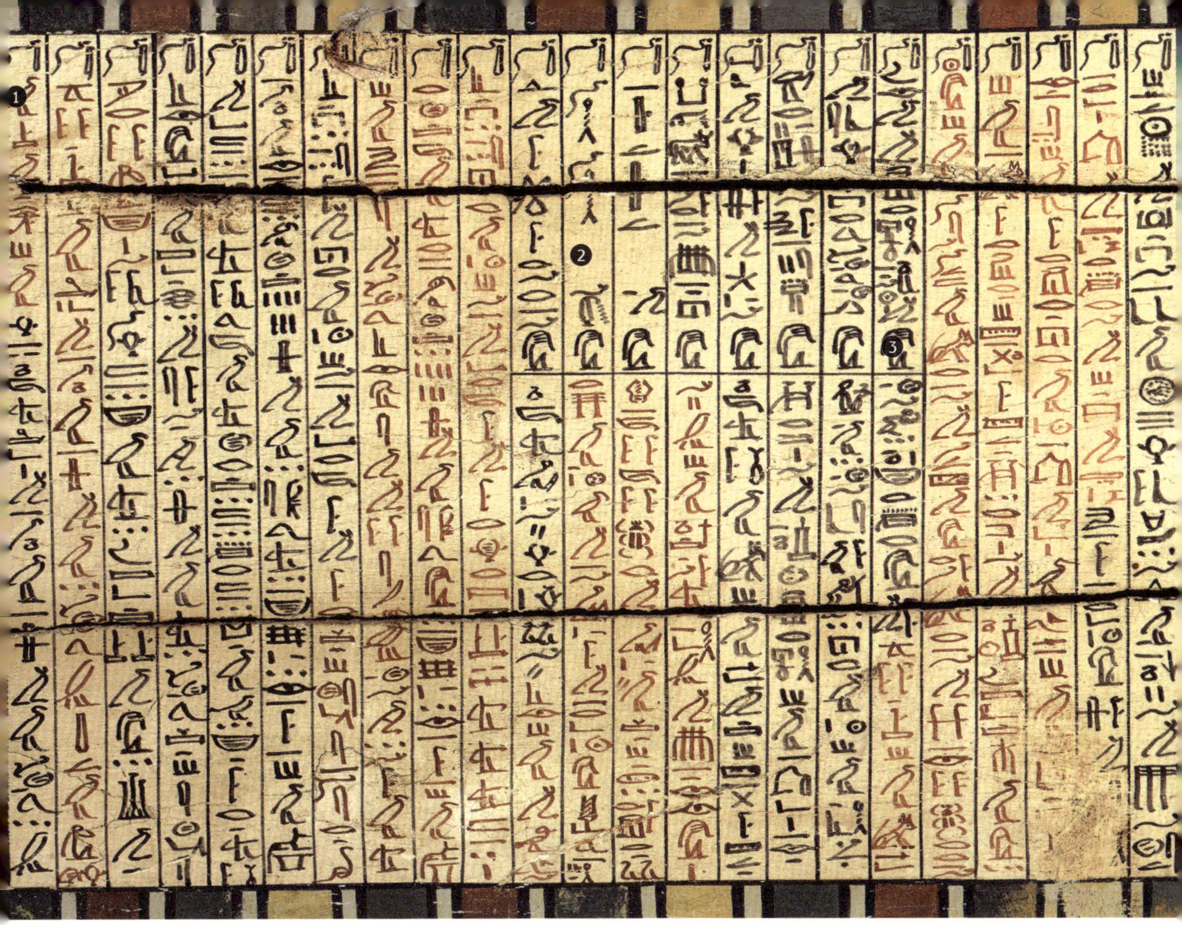

死者，高官的生平记述在墙壁之上。当然，也可能存在家族其他成员的墓井，但墓主人仅是身份明确的单独的人。然而，在第一中间期，地下坟墓和马斯塔巴中修建了多个墓室，用于埋葬多具尸体。因此，如果墓主人是受到国王赏识的官员，那么他家族的所有成员都因此蒙恩。

发现的丧葬文字，有助于进一步凸显这种新的意识形态。这种咒文被称为石棺文，但实际上应该称为棺椁文，因为它们书写在当时最富有的人的棺椁内部，而这些盛装尸体的棺椁被放置在石棺中。这种丧葬文字确实主要流行于中王国时期，但起源于第一中间期。这些内容主要源自金

第九王朝和第十王朝的法老

公元前2160年—公元前2055年

几无文字记述的王朝时期。

科提一世（Khéti Ier）

上埃及君王，第九王朝缔造者。

科提二世尼布卡乌拉（Khéti II Nebkaourê）

没有这位国王的任何信息。

科提三世乌阿哈拉（Khéti III OuakhaRê）

可能是《能言善辩的农夫》（*Le paysan éloquent*）中提到的法老。

梅里卡拉（Mérikarê）

《梅里卡拉咨情》（*Enseignements pour Mérikarê*）便是写给他的。

带有《亡灵书》的陶器

尽管这一时期被认为危机不断，但是有些行业仍然获得了巨大发展，尤其是制陶业。在很多情况下，陶器替代了其他常用的材料，如石头和金属。

尽管第一中间期陶器数量不多，但是其中有一些陶器很有意义。许多器皿或物品之前使用釉陶、金属或石头制造，从这一时期起由于不像过去那样经常往来西奈地区的采石场，因此开始使用陶瓷制造这些器皿和物品。陶瓷应用之广，使之几乎能够制作日常生活中的所有物品。在私人坟墓的小教堂中发现了一些带有铭文的容器，尤其值得一提的是在陶器上书写的咒文（如图所示）属于《亡灵书》的一部分。这些写给死者的具有神奇力量的文字，在某些时期里，在某些特殊的情况下，由死者的亲属书写。对于埃及人而言，死者的巴（灵魂）能够在生者的世界游荡。如果在日常生活中有段日子过得不顺，那么可能就是因为故去亲人的亡灵（巴）造成的。这些咒文用于祈求死者的宽恕，让他记起在世时曾被亲切对待，并在日常悼念时能唤起他的记忆。

插图 带有《亡灵书》的陶器，现藏于巴黎卢浮宫。

字塔文，但还包括一些表现出这一时代意识形态变化的段落。一部分咒文是为了“一家人在死亡的国度团圆”，但“家人”一词并不是指直系血亲，而是地方统治者泛化的家族成员，包括死者的直系亲属、仆人、客户甚至朋友。

在这些修建马斯塔巴或地下坟墓的地方统治者中，有些人的权力足以控制邻近的几个省——下文将其称为“首领”或“统治者”。因此，在地名中出现了掌权者“之地”的表述。最出名的要数“胡乌（Khouou）之地”，它就提到了控制上埃及最南端三个省的统治者埃德夫（Edfou）。总而言之，贵族之间的角力以及贵族与王庭的权力之争愈演愈烈，逐渐变得司空见惯。

赫拉克略奥波里的君王

关于第八王朝的君主后裔，曼涅托提及了两个朝代，即第九王朝和第十王朝。但是，与前两个王朝一样，似乎只有一个王朝曾经存在。这不是曼涅托的笔误，而是抄写员在抄写王表时多抄了一个王朝。埃及历史学家满足于重复那些连他们自己都觉得过于神话的内容。为了避免歧义，埃及学者经常使用“赫拉克略奥波里王朝”一词指代第八王朝掌权的君王后裔。

新的王朝（我们对这一王朝知之甚少）实际上得名于其所在的地区名称，似乎这一时期的法老在这个邻近法尤姆绿洲的地区建权，希腊人后来将这个地区称为赫拉克略奥波里 · 马格纳（Héracléopolis Magna）。这一时期持续时间仍不确定（大约两百年？），在这一时期的所有君主中我们只知道最初和最后的君主的名字。其中，开朝君主名为科提。这一时期的某些资料将其统治地区称为“科提之地”，这使人认为科提本是一位省级大员，后来权力足够强大，最终觅得良机，取代了孟菲斯王朝的君王。

赫拉克略奥波里的力量优势是真实存在的，至少在埃及中部的南部地区，艾斯尤特的统治者仍然效忠于位于北部地区的国王，包括在最终与底比斯人决一胜负的时候，他们仍然支持北部的国王。最南部地区诺姆的诺姆长，如昂赫提非（Ânkhtyfy）的诺姆长、埃德夫和希拉康波里的统治者，一直对赫拉克略奥波里的君主尽忠，但绝非忠心耿耿。这一王朝的最后一位君王（或倒数第二位君王）对于今人而言仅是一个历史人物，以及我们只知道他的名字是梅里卡拉，他的金字塔名为“开花的梅里卡拉广场”。由于这一时期金字塔所在地区是经常被选定的墓地，因此可以确定特提金字塔通道一侧的金字塔正是这位君王的金字塔。这座金字塔底边长 52 米，目前仍未发掘。

第一中间期最后一座陵墓建筑位于埃及中部的达拉。这是一座巨大的砖石建筑，长 143 米，宽 136 米，由国王科威修建，而我们对这位国王几乎没有任何了解。这一建筑与传统孟菲斯金字塔样式大不相同，它的廊道具有屋顶。如今，我们无法知道这座建筑是否已经完工，是否还附带神庙。实际上，这座金字塔在年表中的位置尚不甚确定，它很可能属于第八王朝一位决定在这里修建陵墓的君主，为了削弱地方统治者的势力，将金字塔放置在两国交界之处，展示出他作为底比斯人的反抗，以及他确实统治着尼罗河谷地区。

为梳理赫拉克略奥波里时期的历史，历史学家常常参考两部埃及典籍，即《能言善辩的农夫》和《梅里卡拉咨情》。第一部典籍讲述了一位农夫来到赫拉克略奥波里贩卖货物的一系列不幸遭遇。在路上，他经过一位官员统治的地界，这位官员想要利用手中的权力夺取他所有的货物。农夫决定告知官府，他在陈述案情的时声情并茂打动了法老。但他不知道的是，法老只是为了听他说话，便要他在法官面前陈述了八次，最后才将官员没收的所有财物一并归还给了这位农夫。

第二部典籍是充满智慧的类型，教导人们在不同情况下的人情世故，并讲述了许多经验。埃及的上层人士特别喜欢这类对社会有教益的文学体裁。在《梅里卡拉咨情》一书中，作者似乎是一位想要传承自身知识的智者，但他不是别人正是国王科提本人，他为了尽可能使自己的儿子——王位的继承人对治理朝政做好准备，亲自写下了政治遗训。

尽管这些典籍的作者声称这位穷苦农夫的不幸遭遇以及科提向梅里卡拉传授的政治智慧发生在第一中间期，但毫无疑问的是这两部典籍完成于中王国时期。这就是为什么将其作为重构历史的资料来源是有风险的。

底比斯的君主

希拉康波里的君主对上埃及地区各诺姆的统治十分宽松，导致这些诺姆中有些诺姆长对其大加利用，僭用原本只属于王室的特权，如在其名字后加上统治年数，声称自己的统治权力神授，甚至有些人权力强大到足以统治多个诺姆。尤其是科普特（Copte）的统治者，他夺取了北部两个地域相接的诺姆的控制权，而且还包括南部昂赫提非的控制权，并通过莫阿拉（Moalla，赫法特 [Hefat]）最终成为这两个诺姆的主宰。通过他的陵墓墙壁上的自传，我们得以了解到他所成就的事业，其中的文字主要是对他本人生平歌功颂德。

在确称他的地位来自荷鲁斯的恩典之后，他开始吹嘘自己恢复并维持了埃德夫诺姆的和平和繁荣。他自称官居要职，在政治上称自己为“希拉康波里的主人”，又在宗教上称自己是“祭司监察员”。此外，上埃及地区连岁饥馑，有人以子为食，而在他统治下的诺姆中居民却得以幸免：由于他这位“无与伦比的英雄”，诺姆中收成颇丰，甚至部分北部和南部的居民需要来购买种子。同时，昂赫提非的大麦甚至一直要运到努比亚。

然而，昂赫提非诺姆长自传中最有趣的部分在于他确认了自己作为希拉康波里古老政权的守护者统治这片地区（文中没有直接这样描述）。因此，在底比斯和科普特两个诺姆的

昂赫提非陵墓

昂赫提非诺姆长是第一中间期的历史人物，他的陵墓是当时典型的建筑。从图上可以看到，立柱上刻有死者自传的部分铭文。

模型：永恒的世界

模型是这一时期的典型特征。模型生动形象，惟妙惟肖，令人惊叹。这些模型是比例缩小的人物，或独自，或成群从事日常劳作，特别是能够看到生产面包和啤酒的场景，以及其他一些和饮食相关的场景。模型替代了古王国时期的壁画和浮雕。然而，最早的模型精雕细刻，数量庞大，恰恰发现源于上一个时期即第一中间期。

日常生活场景

制作食物是第一中间期模型中的常见主题。这里，一名仆人在为主人烤鸭子。现藏于都灵古埃及博物馆。

梅凯特(Méketrê)模型

这位第十一王朝高官向我们呈现了这一时期的许多模型，也是最精美的模型。

插图 展示了划船的场景，现藏于开罗埃及博物馆。

❶ **纸莎草茎形状的船首** 小船由纸莎草茎制成，在船首上装饰有相同图案。

❷ **游船** 在这个打鱼的场景中，后方还出现了游船，船只带有船篷，供船主观赏劳作的场面。

❸ **渔民** 在两艘船上，渔民抓着张开的渔网。

❹ **桨手** 渔船两侧桨手们使用巨大的桨，桨一直在船的右侧，以便不断推进小船，并保持航向。

❺ **六边形的渔网** 渔网的网眼是六边形的（如图所示），用来捕鱼。

各行各业

模型表现非常丰富，制作面包、啤酒场景最为常见。另一个较为常见的情景是手持祭品的人，他们把祭品顶在头上。所有农业劳作都得到呈现，如用牛犁地的农夫和手工种植的农民。畜群也是常见的主题。当然，由于它们都属于随葬品，因此用牛献祭的场景是必不可少的，其中最好的牛肉是供死者享用的（如上图所示，现藏于剑桥菲茨威廉博物馆）。在这个并不太平的时期，看到某些雇佣兵模型也就不足为奇了，这些雇佣兵有的是埃及人，有的是努比亚人，他们都带着武器，穿着自己民族风格的衣服。

第十一王朝法老
（底比斯王朝）

公元前2125年之前

门图霍特普一世泰皮阿（Mentouhotep Ier Tépi-A） 这位君主被称为“祖先”。

公元前2125年—公元前2112年

安特夫一世塞赫托威（Antef Ier Séhertaoui） 他是第一位被埋葬在被称为萨夫陵墓的地下坟墓中的君主。

公元前2112年—公元前2063年

安特夫二世瓦汉克（Antef II Ouahânkh） 他曾努力巩固底比斯政权，并将底比斯定为都城。

公元前2063年—公元前2055年

安特夫三世纳克特内特普涅弗（Antef III Nakhtnebtepnéfer） 他在位时间很短，仅有八年。

统治者结盟后出兵反抗时，他这位“无与伦比的英雄”挥师北下，在底比斯西岸登陆，而那些反对他的人竟没有进行任何反抗。之后，他又扫平东岸，围困当时城门紧闭的底比斯。在这时，他的其余部队踏遍底比斯诺姆东西地区，无人敢与之一战，似乎昂赫提非的成功并没有提及政治传承，而底比斯省的统治者称自己继承大统却溃不成军。

从底比斯即位不能证明是正统继承，因为在古王国时期底比斯主要是由于贫穷人口数量增加，城市才得以发展壮大。尽管如此，在赫拉克略奥波里王朝初期，在塔里夫（El-Tarif，位于底比斯西岸）墓地发现的铭文中，似乎属于底比斯地区一脉强有力的后裔开始出现。这一脉传人要求担任“祭司监察官”，他们一直都担任着这一职务，直到有位名叫安特夫（Antef）的人成功地夺去了对整个地区的支配权。安特夫兼任着“祭司监察官”和“上埃及伟大君主”之职。他的名字显示出他显赫的权力——伟大的（或古老的）安特夫，伊库（Ikou）之子，底比斯北部约70公里处的丹达腊（Dendérah）墓地出土的一块墓碑上包含着这个名字。卡纳克（Karnak）出土的另外两个文物同样证明了这一点，它们将伟大的安特夫作为第十一王朝的开朝君王，而其中一个是第十二王朝塞索斯特里斯一

安特夫二世碑（第133页）

安特夫二世是第十一王朝即底比斯王朝的一位君王。这块碑可能原本位于安特夫二世陵墓前方庭院中，碑上展示了国王进献祭品的场景。现藏于纽约大都会艺术博物馆。

世（Sésostris Ier）的雕像，另一个是第十八王朝图特摩斯三世“先祖堂”。遗憾的是，我们对这位君王几乎毫无了解，只知道他的陵墓应位于塔里夫。

第十一王朝伊始

伟大的安特夫被认为是底比斯王朝的开朝国王，但他并不是后世王表中的第一位君主，写进王表中的第一位君主似乎是安特夫的继承人——门图霍特普一世。传统上说，执政者系谱都能追溯到很久远的过去，家族成员之间的联系极广，祖先往往带有神话色彩，某些王表使用门图霍特普一世的荷鲁斯名称呼他，即泰皮阿（Tépi-A，“祖先”）。各种证据表明，第十一王朝之初充满了神话色彩。很可能埃及人对于底比斯王朝开朝君王的了解和今天的埃及学者一样，几乎一无所知。

门图霍特普一世的儿子，也就是他的继承人安特夫一世塞赫托威（Antef Ier Séhertaoui），这位君主名气更大一些，因为目前他的陵墓已经被发现并得到发掘。安特夫一世的地下坟墓位于国王谷北部的塔里夫。这种地下坟墓是一种新类型的坟墓，被称为萨夫（saff，见下文）。

总而言之，第十一王朝的前两位君王在位约十几年，远没有五十年。这时，第三位君王安特夫二世瓦汉克（Antef Ⅱ Ouahânkh）登上了底比斯王位。但就在底比斯统治者不断巩固自身建立的政权并逐渐实现政治统一之时，赫拉克略奥波里继续作为古王国君王的正统继承人统治着北部地区。

安特夫二世是安特夫一世的弟弟，他是家族中第一位在荷鲁斯名之后添加“两女神”（两女士）头衔和“拉之子”头衔的人，而此举将埃及君王当时使用的三个王衔补充为五个王衔。虽然底比斯人野心勃勃，但在这一时期赫拉克略奥波里政权远远凌驾于其上。于是，底比斯人决心改变这一局面。安特夫二世将这一想法写在了自己的墓碑上，墓碑上装饰有法老和他爱犬的图画，还描述了他在执政方面取得的成就，尤其提到了他登基第五十年和最后一年的事迹。底比斯王国的国土范围也得到标示：北起阿拜多斯（上埃及第八诺姆），南至象岛（第一诺姆）。这一信息得到了深得这位国王信任的大臣贾里（Djari）墓碑铭文的印证。根据贾里碑上的铭文，他紧紧追随自己的君主，反抗“科提之地”的统治。贾里并不是唯一一位为安特夫二世提供这些信息的廷臣，因为考古学家在埃泰皮（Hétépi）和捷提（Tjéty）的碑上也发现了相关信息。埃泰皮是埃及最南部地区的三个省的统治者，而捷提负责管理财政大事，他不仅是安特夫二世的廷臣，而且在安特夫三世的统治下仍然担此重任。

贾里无疑是一位清廉正直的官吏，安特夫三世纳克特内特普涅弗（Antef Ⅲ Nakhtnebtepnéfer）接替父亲掌权之后，仍然对其委以重任。关于安特夫三世纳克特内特普涅弗，不同的文献都显示他在位时间不长，大约八到十年，而当时的资料既没有提及对抗，也没有提到征战。在这一时期，埃及国内各地区之间可能维持了平衡状态。

然而，底比斯新的君主，即安特夫三世的儿子门图霍特普二世尼布赫帕特拉（Mentouhotep Ⅱ Nebhépetrê）上台，打破了尼罗河谷的政治平衡。门图霍特普二世的统治长达半个世纪，在他的庇护下重新夺回并再次统一了整个埃及河谷地区。曾经终结了安特夫二世扩张野心的艾斯尤特地区的诺姆长们，在此与底比斯军队正面相遇。

依山而凿的陵墓

第十一王朝底比斯君主们都埋葬在一种逐渐发展为具有底比斯、丹达腊和戈伯伦（Gebelein）地区特色的陵墓中。这种陵墓被称为萨夫（阿拉伯文，意为“行列”“直列”）陵墓，安特夫一世、安特夫二世和安特夫三世的陵墓最为雄伟壮观。每个陵墓都在正面带有一个长 300 米、宽 75 米的庭院。这不是普通的带有院墙的庭院，而是在山体中开凿的 4~5 米深的围墙，由岩石和泥浆混合而成，墙体极为坚固。与庭院侧面围墙垂直的陵墓包括多个墓室，里面埋葬着每位君王的廷臣，三位国王的陵墓共计 250 个墓室。庭院是地下坟墓巨大正面的门厅，由在悬崖上直接凿出的两排立柱构成，一排为 20 根立柱，另一排为 24 根立柱。在立柱之间，沿陵墓中心轴线是一条通道，通向在山体中凿出的祭祀之处，这一祭祀处共有两根立柱。

萨夫陵墓：新式丧葬建筑

在第一中间期，尤其在底比斯地区，高官和法老开凿岩壁修建坟墓，这种类型的陵墓被称为“萨夫陵墓”。萨夫陵墓包括庭院，带有四方立柱的柱廊，柱廊通向私人空间。其立面位于中央的大门通向去往教堂和墓室的通道，石棺井位于墓室中。

在这里，另有一条通道通向墓室。

目前，萨夫陵墓由于当地新的环境变化，遭到了严重损坏。有一些在内部被发现的陵墓表明它们曾铺有砂岩石板，有些部分经过装饰。

附属建筑物中，目前仅已知其中一处，即安特夫二世陵墓附属建筑物。这是一座砖石结构的建筑物，里面可能存放着祭祀雕塑。考古学家马里埃特（Mariette）在这里发现了装饰有君王和爱犬的石碑。在此之前，这块石碑最后一次为人所见是在几千年前。当时，在拉美西斯九世（Ramsès Ⅸ）的命令下，第二十王朝的底比斯祭司们进行了清点，确认仍然未遭到破坏的皇家陵墓。根据这些祭司

❶ **主入口** 主门位于陵墓正面，在底比斯山中凿出。主门打开，位于通往坟墓的轴线上。

❷ **开放的庭院** 门通向一处巨大的空间，围墙由石头和黏土修砌。介绍死者的墓碑，放置在这处开放的庭院之中。

❸ **陵墓立面** 地下坟墓主立面是多根四方立柱，通常装饰有不同的场景。中央立柱之间的间隔通向在山体中开凿的陵墓内部。

❹ **丧葬教堂** 教堂是萨夫陵墓的主要建筑之一，在这里对死者进行日常祭奠。这是一处公开的场所，葬礼祭司以及家庭成员从这里进入墓室。

❺ **墓室** 葬礼教堂中有井通向真正的墓室，墓室中放置棺椁，多为石质或木质棺椁，而木乃伊就埋葬在棺椁之中。

❻ **附属坟墓** 侧面的坟墓也是在岩壁中开凿而成，它们用来埋葬其他的家庭成员和王室成员。因此，一个陵墓建筑群可以容纳多个坟墓。

的报告，当时安特夫二世的陵墓仍旧完好无损，“他的爱犬贝凯（Behkai）匍匐在他脚下”。

最终的战斗

各省之间的冲突以及与远处赫拉克略奥波里政权的紧张对峙，在第一中间期似乎成了一种常态。无论怎样，底比斯似乎一直都被卷入一次次摆脱都城控制的反抗中，但一直未能彻底取得成功，直至一次比以往更甚的反抗，却很快就遭到昂赫提非扑灭。这实际上似乎是上埃及各省决定无视都城赫拉克略奥波里统治的一段时期，文献开始提及有些诺姆长无视地方政权，而独占某些省份的控制大权，奥努里斯纳克特（Onourisnakht）或昂赫提非即是如此。

在这些事件风暴的中心，能够看到底比斯地区伟大的安特夫一支有权势的后裔的身影，而其祖上母亲的一方很有可能是努比亚人。实际上，底比斯距离戈伯伦不远，戈伯伦曾驻扎过数量颇为庞大的努比亚雇佣兵。安特夫和他的后人逐渐获得埃及整个南部地区的支配地位，可能主要依靠的是谈判协商而非粗暴的武力，而原因非常简单，他们没有能够支持长期作战的财力资源。在古王国时期，政府并没有常备军，而在这一历史时期这种局面很难忽然发生变化。当时，很可能在需要大规模作战时，临时组建军队。

在这一时期，甚至连建筑物都可以体现出暴力行为并不多见。埃泰皮是卡布地区地位显赫的人，在他的自传中称已经将之前在昂赫提非政权统治下的省份归并到底比斯王国中。如果这是通过暴力实现的，那么使这些省份俯首称臣后应该有一系列的毁坏行动，但从考古的结果来看并非如此。昂赫提非政权的陵墓甚至都没有遭到任何破坏，但如果想要推翻已经被神化的祖先创下的政权，可以料想胜利的一方原本会毁陵粉碎这一神话。因此，一般认为这些省份的归顺应该是政治谈判胜利的成果。在整个安特夫二世漫长的统治期间，底比斯政权成功地控制了上埃及前八个诺姆。唯有安特夫二世继续北上的尝试，遭到了艾斯尤特地区和博尔塞（Bersheh）地区的赫拉克略奥波里统治者的坚决抵抗。

之后一段时期里，在整体上和平共处的局面下，各地偶有冲突。在底比斯王室自传的文本中，曾提及有些君王曾经坚决下令，重建并振兴之前一时期已经废除的行政管理体系。赫拉克略奥波里方面文本的数量更少一些，其中有些提到了底比斯人入侵失败，遭到反攻，再次恢复了整个边境地区的和平。底比斯人的进攻似乎总是可以获得更多的土地和控制权，但随后又会丧失对这些地区的控制，可能除此之外这些内容也反映出了两个王国之间的关系。毫无疑问，战败的地方统治者归顺胜利的一方，这一政策继续得到了成功实施。当艾斯尤特地区的统治者面临来自南方地区施加的压力，最终做出让步，因此他们的陵墓并未遭到损毁。因此，赫拉克略奥波里控制的范围越来越小，最终战火烧至都城已无悬念。为了抹除真正正统后裔存在过的痕迹，赫拉克略奥波里君王的王室墓地遭到彻底的损毁。

两姐妹碑

关于第一中间期的大部分信息，来自陵墓教堂中放置的墓碑。与过去的做法一样，死者面向祭台。这里的死者是两位年轻的女子，她们的祖先是谁并不清楚，祭台上放置着在冥界复活后必要的食物。现藏于维也纳艺术史博物馆。

彩绘木雕

尽管第一中间期王室雕塑无一存留，但是许多私人雕像保存至今。这座雕像出土于位于德埃巴哈利的门图霍特普的葬祭庙中，可以看到发型经过雕刻，眼睛部位深陷。这位法老是第一中间期向中王国时期过渡的一位法老，现藏于里斯本古伯金汉博物馆。

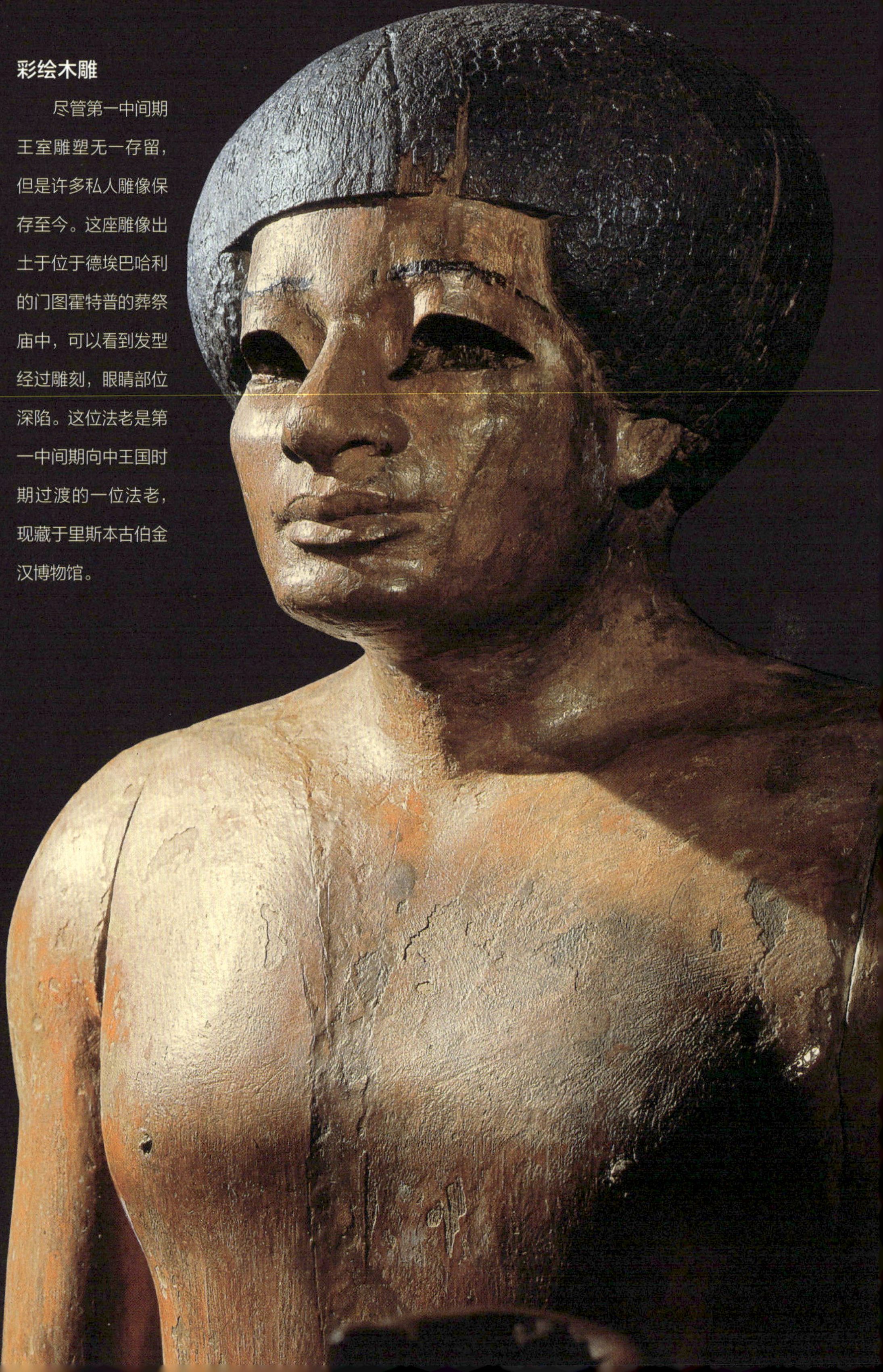

近几年，为了展示赫拉克略奥波里人和底比斯人之间最终作战的惨烈，埃及学者提到一组被埋葬在德埃巴哈利地区的木乃伊。专家们将其称为 slainsoldiers（被杀死的士兵），这六十多具仍然携带残存武器的木乃伊的身体上，呈现出当时战斗的典型伤口，而这些伤也正是他们的死因。这些士兵战死之后很快被制作成木乃伊，而且制作简略，仅仅是将其尸体在沙中脱水，甚至其中有些人的尸体遭到秃鹫啃咬。经过一段时间后，这些士兵的躯体因沙子能够脱水的属性以及阳光的灼热而自然风干，之后被运往底比斯，并埋葬在门图霍特普二世陵墓附近，以感谢他们对君主尽忠。但是，最近有人认为这些士兵应该死于第十二王朝初期。

赫拉克略奥波里政权衰落之后，两地再次统一于唯一一位君主手中，那就是门图霍特普二世。

档案：日常生活

“日常生活”场景是法老陵墓中主要的装饰元素，这些场景为我们重构历史提供了素材。

陵墓中表现法老日常活动的图像通常绘制非常翔实。这些图像多以埃及人特有的方式呈现（与透视技法不同），包含了非常珍贵的信息，它们展示了多种多样的劳作情景，有的描绘了在尼罗河上撒网捕鱼的场景，有的描绘了收获季节的劳动，还有的表现了使用纸莎草造船的过程。然

圣甲虫像

埃及人十分迷信，他们相信魔法，在日常生活中会佩戴护身符祛除灾祸。有些护身符仅用于死后，如这枚软玉“圣甲虫”。现藏于开罗埃及博物馆。

面包和啤酒：基本的食物

埃及人食用最多的食物是面包和啤酒，它们都是用相同的原料制成的，那就是大麦。面包是日常饮食的一部分，具有四十多种不同的形状：圆形面包，中间有孔的面包，金字塔形的面包，或者动物形状的面包。在这个现藏于都灵埃及博物馆的中王国随葬模型中，可以看到面包和啤酒的整个制作过程。首先碾碎谷物，之后在特殊容器中揉和，再放进炉中烤制。啤酒是埃及全国都饮用的饮料（尽管最富有的人更喜欢喝葡萄酒），也是使用相同的材料制成，并保存在酿酒专用的罐中，而有表示这种饮料的象形文字证明了这一点。

左图 位于卢克索（Louxor）的抄写员梅纳（Menna）陵墓中的壁画，上面能够看到一位土地测量员正在测量一片麦田。

而，对此应该保持谨慎的态度，因为墓主的用意在于抵达完美的世界——冥界。因此，尽管这些场景十分写实，但它们是理想化的场景。

服饰

这些绘画中看到的服饰明显属于理想化的样式。在陵墓中，工人们在劳作时身无一缕，至多穿一条缠腰带，而墓主人和监工则身穿白色亚麻缠腰带。埃及是一个沙漠国家，所以国民经常穿得很少也就不足为奇了。然而，这种气候条件也证明某些场景存在错误，因为沙漠中温差非常大。因此，冬天清晨和夜晚，温度可能非常低，无疑埃及人肯定有包裹除大腿之外身体其他部位的服装。除此之外，考古学家补全了陵墓的其他场景，并确认当时的埃及人和今天土著农民的穿着类似。这些服装有的是羊毛制作的，比图像中显示出来的那些不断出现的亚麻保暖得多。在某些坟墓中，还能够看到长袍的服装，根据季节变化可以加减长袖，还有腿套，其作用和今天的长筒袜类似。毫无疑问，在冥界气温宜人，但真实的世界当时肯定没有这么舒适，而且更脏。

卫生和垃圾

埃及人的服饰总是以白色出现，并不是偶然的。生活在尘土飞扬的沙漠地区，或者生活在满地泥泞的尼罗河附近，想要保持衣物整洁，需要加倍注意，或者每天换好几次衣服，才能看起来总是非常体面。因此，当时的洗衣工总是忙忙碌碌。因为洗衣工基本都是文盲，所以洗涤清单都雕刻在陶片记录（碎裂的陶片或大小适中的碎裂石块）上，上面列出了服装类型，收到多少件衣服就在上面点上相同数量的点。另外，衣服当时价格不菲，只有那些富豪才能经常换装。这倒不是因为埃及人不喜欢清洁，只是仅有非常富有的人才会在家中甚至在他们的马斯塔巴中设置浴室和卫生间。

在公共生活中，排泄物和垃圾的管理，包括工匠和家庭妇女劳作产生的废弃物，成了一个关乎生存的问题。遗憾的是，埃及人在人口聚集区域从来未曾打造出像样的排水系统，更无法与古罗马城市修建的排水系统相媲美。最多，埃及人在一些主干道上修建了一些沟渠，使废水从房屋中流出，或用来排干路面降雨量并不大的积水。对于垃圾的处理，也与此类似，基本不存在任何垃圾处理。埃及人实际上拥有巨大、免费且不会出错的排放系统，即每年尼罗河都会泛滥（埃及人甚至直至20世纪60年代修建阿斯旺大坝之前一直使用这种方法处理垃圾）。工业垃圾和家庭垃圾，包括排泄物，全都堆积在城市四周，并将水引向河流的沟渠里。几个月时间里，垃圾不断增加，但每个人都知道很快一切就会清洁如初，只需等到六月份，泛滥的河水便会吞噬两岸，把所有的脏污带向地中海，或埋藏在厚厚的淤泥层中得到净化。每年，这种清理一遍遍重复着，使埃及人拥有了更多赞美河水泛滥的理由，河水泛滥的好处简直数之不尽。

因此，只有最富有的埃及人才在家中拥有浴室和卫生间。有些人甚至在自己的马斯塔巴中也不忘修建上这些设施，以便死后永世享用。浴室构造十分简单，土砖坯修砌的墙，用石灰刷白，石质地面将废水排放至一个容器中，之后将容器倾倒在街面上。卫生间面积不大，带有有孔的座椅，可以使尿液和粪便掉落在溢流道中，然后和浴室的废水一样排放掉。卫生间的座椅可以是固定的，但有的是活动的有孔的椅子，在位于德埃梅迪纳（Deirel-medineh）的建筑师哈（Kha）的坟墓中就出土了这样一把如厕椅。实际上，尽管住房中没有自来水，埃及人已经开始习惯于早起冲凉了。

陶片记录上的文字

总的来说，陶片记录上书写的非象形且无规格要求的文字，提供的关于尼罗河谷日常生活的信息很少。这种陶片记录大量出土于德埃梅迪纳附近的废品堆积处，而当时负责开凿国王谷陵墓的工人居住在德埃梅迪纳村庄中。这些人社会地位较高，他们脱盲程度明显高于国家其他地区的人口，可将之作为参考，以更好地理解古埃及的日常生活。

令人意想不到的是当时经常使用文字订立租赁或买卖合同，还使用文字解决签订业务中可能出现的争议。由于当时没有货币，所有的交易都使用记账单位完成，如德本铜（debens），它用来确定价格。例如，如果有人想要购买非常昂贵的产品，如油膏罐，文献里明确一罐的价值是 X 德本铜。价值低一些的产品则按照交付给买方的数量估价，确定一德本铜对应多少数量的产品。这样，买卖双方都无法对交易讨价还价。

然而，尽管内容都经过多方联合签署，买方和卖方之间仍然经常出现争议，发生冲突的各方会请求法院仲裁。一般来说，人民评委会负责主持调解，原则上监理或具有职权的人担任评委。法老时代的埃及社会虽然没有形成书面法典，但无论法官、被告还是原告都清楚地知道什么是符合正义的，每个人都践行着指导他们生活的理念——“玛特”（maât）。这个词有时被翻译为“正义”，但它更偏向于“符合正义的”“本当如此的”之意，法官凭此做出裁定。裁定罚款或判处刑罚时，法院会参照之前同类案件的判决结果。然而，如果诉讼不是简单的偷盗行为或在支付金额方面存在异议，而是涉及谋杀或偷窃属于神庙的财产时，那么由

清点牲畜

（第十一王朝）贵族梅凯特的坟墓位于德埃巴哈利，墓中出土了细致入微的随葬模型，表现出农场的牲畜排成一队以供主人进行清点。畜牧业是埃及人主要的活动之一，是埃及人可观的收入来源。除了肉和相关产品，这些动物还是重劳力。公牛、母牛和母羊数量最多，它们也用于丧葬祭祀。现藏于开罗埃及博物馆。

宰相直接进行判决。

有趣的是，在法老时代的埃及社会中，女性和男性在司法权方面具有同等重要的地位。诚然，男性仍然在埃及社会占有优势地位，他们在经济和社会领域拥有更大的权利，但是从各个角度而言，女性都能够与男性比肩。

埃及的君主政体精神中就明确地表明了这一点。埃及人认为他们的世界分为两个部分，一部分是男性的世界，一部分是女性的世界，两个世界必须和谐共处，这使所有人都能够从中受益。法老是政治领袖，他是人与神之间的媒介，这一点任何人都不会怀疑。但为了遵从他们信奉的玛特，法老想要作为领袖统治国家，需要有一位王后在侧使他变得完整。

与古罗马女性的社会地位低下不同，一般认为埃及女性和男性一样具有相同的社会价值，她们同样享有拥有财产的权利，有权进行交易、买卖，剥夺忘恩负义的

❶ 死者梅凯特 他呈坐姿，比其他人俑更高。

❷ 继承人 梅凯特的儿子在他身边，非常认真地学习商业交易。

❸ 独立柱廊 屋顶由立柱支撑的建筑物，柱头为纸莎草形状。

❹ 四名抄写员 四名抄写员坐在梅凯特身旁，神情专注，莎草纸摊开，准备记录所有清点细节。

❺ 放牧人 身穿样式简朴的短裙，这种服装被称为“缠腰布”。放牧人负责用鞭子驱赶牲畜。

❻ 监理 他们的假发长度比其他人更长，手中持有木棒，驱赶着牲畜。

❼ 牲畜 畜群包括不同颜色的母牛，在人们有序的驱赶之下前行。

❽ 手持木棒的人 这些人穿着简朴，手中也持有木棒，他们将牲畜围作一团，防止牲畜逃跑。

子女继承权或与不忠贞的丈夫离婚。但这种情况不应使我们误入歧途，让我们认为当时的埃及是一个田园牧歌般的社会。

挣扎着活下去

实际上，法老的臣民当时必须为了生存不断地挣扎。埃及气候条件恶劣，人们从早到晚不停劳作，从事的劳动都属于重体力劳动，他们往往毫不惜力且饮食也十分寒酸，这一切都在损害着埃及人的健康。对木乃伊和骨骼的检查使我们能够了解和研究法老的工人罹患的各类疾病、病变和身体机能异常的情况。在对吉萨劳工墓地出土的遗骸进行检查后，确认他们是由于背负重物而导致脊柱损伤。对于这些遗骸的研究以及对这些工人曾经居住的村庄进行的发掘表明，直接听从君王指令的劳工，可以获得优待。由于他们的劳动无比重要，即为法老修建永久安眠之所，因此

化妆以及喷香水的习俗

在法老时代的埃及，男人和女人都非常重视自己的外表，每天花很多时间和金钱打扮自己。自前王朝时期，化妆调色盘就永远研磨用于画眼线的矿物质颜料，这些调色盘也当作随葬品。调色盘似乎对男性和女性同样重要，因为除了为了美之外，化妆品还形成了一层保护膜，用来预防某些眼部疾病。还有一种物品更加惹人注目，那就是香水。香水获得了人和神明的欢心。神用的香水是香料，主要来自蓬特（Pount），人们在那里寻找制作香料的树。对于神明而言，莲花香气最受欢迎，常常能够看到贵族们深爱这种香气，如在古尔纳（Gournah）发现的纳克特陵墓壁画所展示的场景，三个女人头顶戴着带有香气的头饰。其中，一个女人正在轻嗅莲花，另一个女人正在献出一颗曼德拉草的果实。

当时有专门的医生负责为他们治疗受伤的部位。同时，他们还享有额外的蛋白质供应，有的是肉，有的是鱼，但这在当时也不容小觑。实际上，肉类在当时属于奢侈品，埃及人只在某些神庙庆典时能够获得一些肉，以作为神赐的礼物。

除了社会上层人士外，大部分埃及人都几乎处于营养不良的边缘，目前出土的木乃伊也证明了这一点。因此，埃及人每天日常劳作大部分都在寻找新的供给品来源，有时去打鱼，有时去沙漠围猎兔子。在某些坟墓的装饰中也能看到，有些孩子向厨子或一些人索要食物，他们收获之后在田地里散步往家捡拾掉落的麦穗。

所以，可以看出，埃及人民当时的日常生活远没有达到轻松的状态。他们几乎一直需要做出艰苦卓绝的斗争，才能够幸而果腹，供养一家老小，而小孩子正是在冥界复活时必不可少的要素。

随葬品：日常生活的见证

如果说坟墓、神庙、雕塑、浮雕和文字对于了解社会都是必不可少的要素，那么反映墓主人生前习俗的随葬品同样也十分重要。

里拉 发现于德埃梅迪纳，属于图特摩斯三世（第十八王朝）时期。里拉（lyre）是喜克索斯人带入埃及的，多由女性演奏，演奏时需要水平放置。图片中的琴弦已佚失，当时需要借助小工具固定在琴上。在某些葬礼宴会上，会演奏里拉。现藏于巴黎卢浮宫。

灯芯草编制品 在德埃梅迪纳的建筑师哈（Kha，第十八王朝）的坟墓中，出土了一组日常生活物品。其中，包括这把木头和植物材料制成的小椅子，上面还带有一个圆形的垫子以及一个功能不明的小扫帚。现藏于都灵古埃及博物馆。

铜镜 这面铜镜出土于古尔纳（Gournah），属于阿蒙诺菲斯三世（Aménophis Ⅲ，第十八王朝）时期。在古埃及，铜镜多经过抛光，能够尽可能真实地映照，而纸莎草形状的手柄较为多见。这面铜镜为神明哈索尔（Hatho）头部形状，映照物体的圆盘类似于太阳的形状。现藏于开罗埃及博物馆。

玩具塞尼特 在建筑师哈的坟墓随葬品中，发现了一个埃及人非常喜欢的消磨时光的玩具——塞尼特，目前玩法已不得而知。棋盘上带有棋子，这种玩具在贵族之间非常流行，在许多壁画中都有体现。也曾在王室坟墓中发现了类似的玩具，如图坦卡门的陵墓。现藏于都灵埃及博物馆。

羊毛织物 埃及人的大部分服装都使用布料制成。最受欢迎的是亚麻制品，但要在深夜中御寒，羊毛织物仍然必不可少。在一座墓主人身份未知的坟墓的随葬品中，发现了这些不同颜色的毛线团和编织针。现藏于巴黎卢浮宫。

化妆品容器 在第一王朝的随葬品中，这种容器较为常见，用于盛装画出黑色眼线的眼圈墨。最受欢迎的要数白玉材质的（如图），上有盖，用于保护眼圈墨。使用时，借助相同材质细小的描线棒描线。现藏于巴黎卢浮宫。

塞索斯特里斯一世（SÉSOSTRIS Ier）奥西里斯式立柱

这具雕像出土于卡纳克阿蒙神庙，表现出木乃伊形态的法老，手持两个生命符——安卡。现藏于卢克索博物馆。

插图（右侧） 隼形护身符，象征着神明荷鲁斯。现为私人藏品。

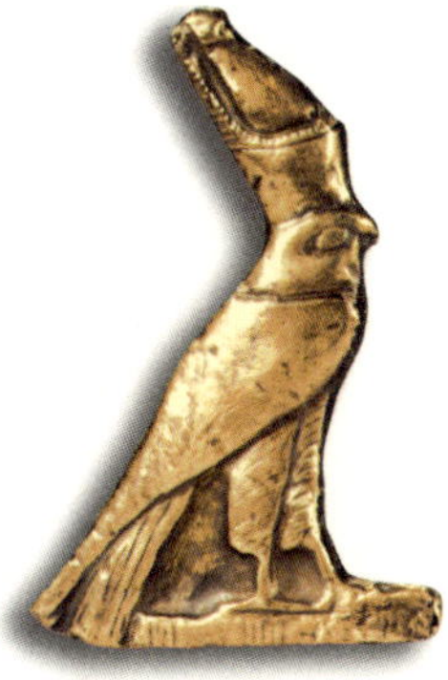

中王国和再统一

门图霍特普二世经过最后的战斗最终战胜了赫拉克略奥波里政权，损毁了他们的王室墓地，但想要进一步巩固统一局面前路漫漫。门图霍特普二世首先需要夺回埃及人对努比亚地区的控制权，方便来自非洲的奢侈品能够抵达埃及。在北方地区，门图霍特普二世还要加强对孟菲斯地区和三角洲地区的控制。

门图霍特普二世最先采取的措施之一，便是对承自赫拉克略奥波里和孟菲斯政权的政治管理体系改弦易辙，转而施行底比斯特有的政治架构。宰相的主要职能保持不变，但宰相的副手则成为“玉玺监官”和“王室监官”，前者负责计算、收取和记录君主的收入，后者负责对这些工作进行记录。这种简单的行政管理架构凸显出底比斯后裔传承不明且身份低微的出身，因为这些头衔并不是新设立的，实际上在古王国时期就已经存在，但当时这些职位只是负责管理价值较低的财产。

这一切并不等于已经消亡的赫拉克略奥波里的高官们就完全被排除在外，但显然门图霍特普二世更倾向于信任底比斯人，所以担任这些职务的人都是底比斯人。这也不足为奇，毕竟一个政权在取得对另一个政权的胜利之后，政治局面并没有与第一中间期彻底割裂。理论上来说，实现了中央集权的政权，需要征服多个在地方已经形成气候的统治者。所以，从逻辑上来看，在争权的斗争中，君主必须长袖善舞，恩威并施，采取一切手段。其中，一个办法就是多次变更他的头衔，此举无疑是为了表明他的政治抱负，但也可能适用于吹嘘自己取得的成就。与此同时，门图霍特普二世为那些具有神话色彩的先祖寻求统治的合法性，即伟大的（或古老的）安特夫和门图霍特普一世这两位先祖，为他们修建了雄伟的建筑。为此，门图霍特普二世放弃了孟菲斯旧有的建筑方法，转而采用了古王国时期法老特有的艺术风格。通过这种方式，门图霍特普二世也与地方统治者有别，这些地方统治者由于缺少专业工匠，保留了第一中间期各省的风格，通常较为精巧，但技术层面而言略为逊色。

门图霍特普二世历经战斗，为尼罗河谷地区带来了和平，最终在统治了半个世纪后撒手而去。门图霍特普二世死后埋葬在底比斯墓地的一个陵墓建筑群中，这个建筑群兼具孟菲斯王室传统风格和底比斯风格。“两地之国”的继承人似乎是门图霍特普二世的儿子——门图霍特普三世，这位底比斯法老在位十二年，但我们对他的生平几乎一无所知，只知道他的两个心腹的名字：一位是梅凯特（Méketrê），他因为墓中出土的栩栩如生地展现了日常生活的模型而声名大噪；另一位是埃努（Henou），他是带兵远征蓬特的将领。埃及获得统一之后，政局稳定，实际上使国家有机会再次努力获得某些之前在埃及控制之下的经济资源，如远东沙漠地区的矿产。

据都灵皇家纸莎草记载，下一任埃及的君王门图霍特普四世（Mentouhotep Ⅳ）仅在位七年。这位君主曾经存在和活动的唯一见证与关于他最伟大的倡议的记述相关。

实际上，门普霍特普四世组织了充满野心的瓦迪·哈马马特（Ouadi Hammamat）远征。这个瓦迪（oued）的两岸不仅是连通尼罗河谷和红海的交通要道之一，它还拥有多座装饰性宝石的采石场，而这些装饰性宝石正是埃及人常常用到的宝石。因此，这次出征无疑是一次大规模的远征，因为法老任用王国官职最高的人作为远征统帅。在门图霍特普四世看来，只有“两地之国”的宰相阿美涅麦斯（Amménémès）方可担此重任，唯有他才能严明军纪，号令 10 000 名士兵完成这一使命。瓦迪墙壁上铭刻的四段铭文，证实了此次出征获得了大捷。从保留下来的文字来看，远征本身就具有传奇色彩，是神明指派宰相来成此大业。所有预期目标全都得偿所愿，最重要的是要找到并带回用于门图霍特普四世身后石棺棺盖的石块。另外，编年史作者描述了完成此举发生的超自然现象。在远征军研究岩层之时，一只身体滚圆的羚羊出现在他们面前。但让他们大吃一惊的是，这只小羊停下了脚步，而就在这个位置他们发现了寻觅已久的石块。为了感谢神明的指引，他们将一头刚出生的牲畜祭献给瓦迪神话传说中的法老敏（Min），他是生殖和性能力之神。

从宰相到法老：第十二王朝

羚羊的故事并不是在伟大的宰相指挥下的远征唯一的神迹。除了采集石块，还需要寻找水源，为过往和后续派来的工人提供生活的便利。神明敏再一次被宰相的努力所感动，显出神迹在山上施雨，倾盆大雨便降落在山间。雨过天晴，这些探索者发现了一处天然的井，直径有 5.2 米之大，井里涨满了水。这样的成功保证了远征取得巨大的胜利。

时至今日，我们仍然不知道宰相阿美涅麦斯是如何成为君主阿美涅麦斯一世（Amménémès Ier）的。实际上，我们甚至都无法确定他们就是同一个人，但这种假设属实的可能性很大。阿美涅麦斯一世之所以能够登上王位，既不是通过暴力手段，也不是凭借阴谋诡计，而是门图霍特普四世没有继承人。门图霍特普四世临终时选择将国家交给他信任的人，便交给了这位参透了行政治理所有奥秘的人。

尽管阿美涅麦斯一世是获得了上一任法老的祝福之后加冕为王的，但他执掌大权使门图霍特普一族的胜利蒙上了一层荫翳。因为，阿美涅麦斯很有可能出身于赫

门图霍特普二世陵墓和德埃巴哈利的陵墓建筑群

门图霍特普二世的陵墓修建在底比斯的山中，底比斯对于埃及人而言是一个神圣的所在，这座城是献给女神哈索尔（Hathor）的。这座建筑与上个时代的萨夫陵墓不同，它由多个阶梯结构构成，经通向庭院和更私密空间的斜坡达到这些位置。墓室位于山体中心，宛如在女神的身体之中。

门图霍特普二世的陵墓建筑后来成为女法老哈特谢普苏特（Hatchepsout）陵墓的样本。在围墙内部，矗立着第一神庙，它类似于金字塔的神庙。当时，斜面通道两侧很可能栽种着树木，尤其是象征着在冥界复生的埃及无花果。多个阶梯装饰有浮雕。建筑群上层部分包括一个结构，但对这个结构我们毫无所知。有些埃及学家认为，它是立于金字塔之上的建筑物，是无与伦比的太阳的象征；而另一些埃及学家则认为它代表着生命起源的山丘。

插图 右图，不同绘图者尝试的复原图；左图，戈伯伦地区出土的浮雕残片上的门图霍特普二世的形象，现藏于都灵古埃及博物馆。

统一的埃及：第十一王朝

公元前2055年—公元前2004年

门图霍特普二世

登基第二十一年时，他开创了中王国时期。

公元前2004年—公元前1992年

门图霍特普三世

他组织了多次远征，意在控制南部地区的贸易活动。

公元前1992年—公元前1985年

门图霍特普四世

他派出了瓦迪·哈马马特远征军，寻找为修建自己陵墓所使用的石块。

拉克略奥波里一系贵族之家。南方地区的诺姆长可能对再次让一位孟菲斯政权后世血亲掌控颇有不满。实际上，有些细节显露出政权内部存在着紧张气氛。阿美涅麦斯一世在位期间未能向外征伐，从中可以猜测国王当时需要军队驻扎在国内，因此无力剑指他乡。阿美涅麦斯一世修建的陵墓也表明他的金字塔建筑群符合孟菲斯规格，但最重要的是他遗弃了底比斯，而定都法尤姆绿洲附近的伊切塔乌伊（Itchtaouy），这座城距离已经被摧毁的赫拉克略奥波里政权所在地并不远。同时，阿美涅麦斯一世使用了新的荷鲁斯名“革

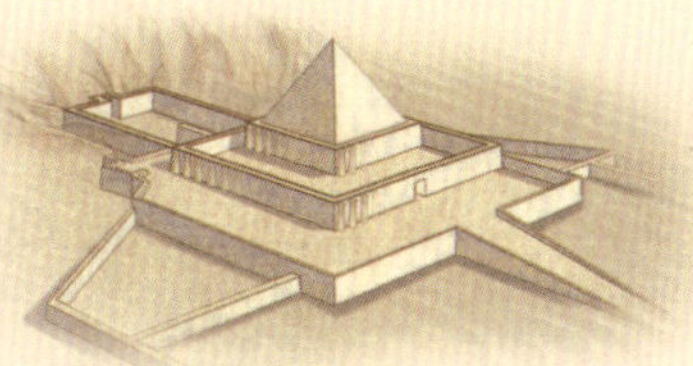

真正的金字塔

E. 纳维尔（E. Naville）提出的复原图。

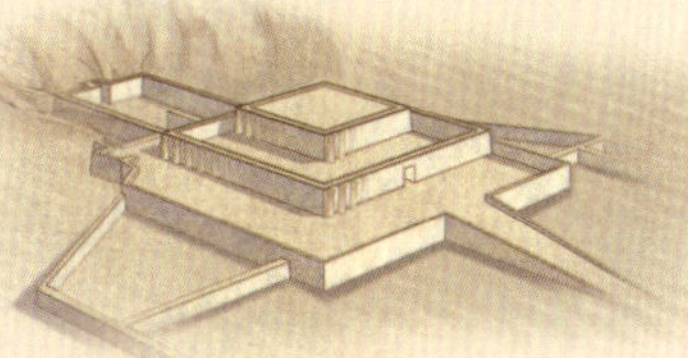

石质土台

D. 阿诺德（D. Arnold）提出的复原图。

栽种树木的土丘

R. 斯特德尔曼（R. Stadelmann）提出的复原图。

新万物者”，这表明他想要开创一个新时代。由于阿美涅麦斯一世很可能按照孟菲斯廷臣旧习而获得培养，因此他很可能将之前的君主设立的省级大臣从王庭和政府中清除。

阿美涅麦斯一世三十年统治在最后的时期绝不算平顺，最终证明他被政治上的对手谋害而亡，似乎弑君者来自后宫的妻妾。为了安抚政敌，可以想见这位国王迎娶了一位或多位属于底比斯精英阶层的女性，她们都对自己的家族忠心耿耿。然而，国王最后是被他自己近身侍卫杀死的。后来，有两部故事描述了这桩罪行，一部

两地统一（第 157 页）

这幅浮雕展示了上、下埃及统一为一个国家。神明塞特位列左侧，神明隼头荷鲁斯位列右侧，他们手持塞马塔维——它是统一的象征。此处雕刻装饰在塞索斯特里斯一世（Sésostris I er）的雕像上，现藏于开罗埃及博物馆。

瓦迪·哈马马特远征

瓦迪·哈马马特连接着尼罗河和红海，之间是无穷的沙漠。这条古老的通道靠近科普托斯城，在地理上具有战略意义。它以丰富的金矿和它可怕的法老神塞特闻名遐迩。所以，历史上曾有多位法老多次远征这一地区，寻找贵重金属和其他矿产资源也就并不令人惊讶了。

瓦迪是一条古老的河道，商人们用它运送货物，战士们也会取道此处出兵作战。这一地区山体的岩壁上刻有铭文，描述了埃及国王多次远征的历史。最古老的远征要追溯至第一王朝时期，但描述笔墨最多的发生在中王国时期。当时的国王派出远征军，寻找金子和宝石，用于他们统治期间修建的建筑物和雕塑。这一地区除了蕴藏着丰富的采石场，还具有巨大的战略意义，因为它是通向红海的必经之途。在中王国时期，曾发起了多次针对蓬特的远征，这一地区位于印度洋埃及海岸，拥有丰富的昂贵且具有异域风情的产品，但我们现在并不知道它的具体位置。门图霍特普四世是第十一王朝的法老，派出了蓬特远征军，他们途经瓦迪·哈马马特和红海地区。

就是《国王阿美涅麦斯一世介绍》(*Les Instructions du roi Amménémès Ier*，可能成书于塞索斯特里斯一世在位时期），另一部则是《辛努亥的故事》(*Le Conte de Sinouhé*，大约在第十二王朝后半段时期)。法老的塞德节将至，弑君者动手了。夜晚，国王正在寝宫中安睡，谋逆者和他忠诚的卫士的搏斗声让国王从睡梦中惊醒。此时的阿美涅麦斯一世垂垂老矣，他还未彻底清醒，虽拿起武器自卫，但仍未能保住自己的性命。第十二王朝的开朝君主就此殒命。辛努亥（Sinouhé）还解释称，阿美涅麦斯一世的继承人得知父亲死讯时正忙于与利比亚人作战。闻讯后，继承人立即赶回都城进行权力交接，确保一切无虞。然而，虽然继承人反应迅速，但国家还是陷入了铭文所称的“两地之战”。短暂的交锋过后，继承人取得了胜利，因为塞索斯特里斯一世（Sésostris Ier）登基后很快就恢复了他父亲阿美涅麦斯一世开创的中央集权。

新的王室后裔

塞索斯特里斯一世并不满足于让新王朝的心腹替换掉门图霍特普宠信的诺姆长们，他还推行了一项宣传政策。为此，塞索斯特里斯一世采用了一个新的艺术传统宣传方式——文学，使在此期间这个鲜少得到统治者使用的武器发挥了巨大的作用。在塞索斯特里斯一世之后的第十二王朝的法老们，纷纷效仿，使中王国时期成为古埃及文学的黄金时期。

赫卡纳克特（Heqanakht）纸莎草包含一系列非同寻常的文献，是一位去南方地区巡视的官员与底比斯家人之间的信札。这些文献为我们呈现了这一时期的一个重要特征，那就是一个相对重要的中产阶级开始崭露头角，他们似乎掌握了一定的贸易网络，从中获取了高额的财富。文献中也提到了家庭之间切切实实的紧张关系，后来这些内容在几世纪后成为阿加莎·克里斯蒂（Agatha Christie）小说《死亡终局》的原型。

第十二王朝之后的法老们保持并进一步巩固了这一和平的政治局面和繁荣的经济局面。关于塞索斯特里斯一世的成功统治，目前还有一份非凡的文件予以佐证，那就是阿美涅麦斯二世（或阿蒙涅姆赫特二世 [Amenemhat Ⅱ]）纪年表。纪年表简要地陈述了这位君主三十四年在位时间里国家的大事，其中包括军队作战，向神庙捐赠，修建的各类建筑物，雕塑的塑像，甚至君王狩猎活动。

下一任法老塞索斯特里斯二世的主要成就在于修建了一套灌溉系统，这套系统最终使法尤姆湖地区成为整个埃及地区最富饶之地。塞索斯特里斯二世在位的七年时间里，军队远征一直伴随着贸易探索。在宗教方面，石棺文已经得到普及，似乎冥界逐渐开始接纳更多的人。这种最初起源于古王国时期的做法，自此后逐渐扩大到最广大的社会底层人民之中，使得底层人民也能够获得过去仅属于精英阶级特权的奢侈品了。

如果说在塞索斯特里斯二世统治下埃及的军队没有出兵国外，那么在他的儿子也就是他的继承人塞索斯特里斯三世的漫长统治下，挥师攻打其他国家变得十分常见。由于多次在努比亚以及巴勒斯坦等地挑起纷争，塞索斯特里斯三世也成为第十二王朝最为勇武的君王。然而，这还不是塞索斯特里斯三世全部的才能，他在政治上的改革也取得了惊人的成就，“两地之国”进入由单独一位宰相和唯一的王室大司库管理的时期。尼罗河谷分为两个行政区域，第一个行政区域在中王国时期延伸至三角洲地区，被称为“南部之首”，对应上埃及地区。撤销诺姆长职务的政治决定是以行政管理上有此需要为借口提出的，这表明当时埃及各方势力处于均衡的状态。实际上，此举大大减少了诺姆长的数量，当然确实有一部分诺姆长仍然保留自身职务，但那只有一个原因，就是他们对君主十分有用。

一般而言，历史学家认为塞索斯特里斯三世的统治，无论从文化还是从经济层面而言，都将中王国推向最鼎盛时期。尽管由于尼罗河水流量不定，河水泛滥时常出现问题，但塞索斯特里斯三世四十五年的强盛有如神赐。首先，在塞索斯特里斯三世登基第三十年，河水暴涨，水位涨到历史最高水平，之后水量缩减，在之后的十几年时间里降至前所未有的低位。幸运的是，根据某些典籍记载，如书于这位国王在位期间的拉罕纸莎草，就为我们展现了这段繁荣时期以及河水异常泛滥的生活场景。拉罕纸莎草出土于法尤姆考古遗址，涉及内容包罗万象，包

第十二王朝法老

公元前1985年—公元前1956年

阿美涅麦斯一世

他保持了与迦南和利比亚之间的边界。

公元前1956年—公元前1911年

塞索斯特里斯一世

在登基第十年时，他发起了征服努比亚的远征行动。

公元前1911年—公元前1877年

阿美涅麦斯二世（Amménémès Ⅱ）

他在代赫舒尔修建了砖石金字塔陵墓。

公元前1877年—公元前1870年

塞索斯特里斯二世（Sésostris Ⅱ）

他在法尤姆湖附近修建了多个灌溉田。

公元前1870年—公元前1831年

塞索斯特里斯三世（Sésostris Ⅲ）

他将埃及边境线扩大并推至第二瀑布。

公元前1831年—公元前1786年

阿美涅麦斯三世（Amménémès Ⅲ）

在他的统治之下，埃及经历了一段璀璨耀眼的文化和文学时期。

公元前1786年—公元前1777年

阿美涅麦斯四世（Amménémès Ⅳ）

他成功地维持住国内各方平衡。

公元前1777年—公元前1773年

塞贝克涅弗鲁王后（Néferousobek）

她在赫拉克略奥波里·马格纳城修建了多座建筑。

贝尼-哈桑：第十二王朝墓地

中王国时期，诺姆长都埋葬在自己的家乡。他们的陵墓都是开凿在山体岩石中的地下坟墓，呈现出当地的装饰风格。

贝尼-哈桑墓地是这些墓地中最著名的一个。墓地中埋葬着多位诺姆长，他们命人修建的陵墓为带有立柱的柱廊，规格远小于第一中间期萨夫陵墓的柱廊。岩石中凿出的门通向由立柱支撑的宽敞祭室。其中，许多陵墓如诺姆长科提陵墓（右图所示），柱头的形状为闭合的纸莎草。墓墙饰有壁画，表现了阿拜多斯祭祀、战斗以及仪式进行的场景。与门相对的墙壁上一般是一扇绘有死者像的假石碑门，前面是祭台。在墓室一隅处，由一至多个墓井通向埋葬墓主人及其家人石棺所在的墓室。这些陵墓具有高水平的地方艺术风格。

括妇科学、遗嘱、文学作品以及各类不同主题的条约。

我们对下一位统治者阿美涅麦斯四世的统治知之甚少，他在位时间不足十年，很可能是上一任统治者的孙子。现存许多铭文描述了阿美涅麦斯四世出征在外的事迹，可以猜测之前君王一直保持的政治平衡至少在下一任统治者塞贝克涅弗鲁王后上台时，仍然无甚变化。

这位女性可能是故去的阿美涅麦斯四世的孀妻或姐妹（或既是他的孀妻也是他的姐妹），她在位的四年时间里可谓日理万机。塞贝克涅弗鲁王后无疑是第一位登上“两地之王”宝座的女性，但没有人知道女性的身份是否为她带来了麻烦。从政治层面来看，塞贝克涅弗鲁王后的统治似乎并没有什么问题，但是文化方面来说则难以估量。

在一尊雕像中，塞贝克涅弗鲁王后在

塞索斯特里斯一世永恒的居所

君王塞索斯特里斯一世的埃及名为辛努塞尔特（Senousret），他在远离底比斯靠近法尤姆绿洲的利希特修建了自己的陵墓建筑群。他修建的陵墓气势恢宏，以作为他本人和他家族成员死后祭祀之所。建筑群中唯一的一座金字塔十分新颖，后来中王国时期其他法老也都采用了这种规格。建筑石灰石墙从中心区域陡然垒起，之后再填入砖块，整个结构覆以塔拉石灰石外层，金字塔内部十分奢华。

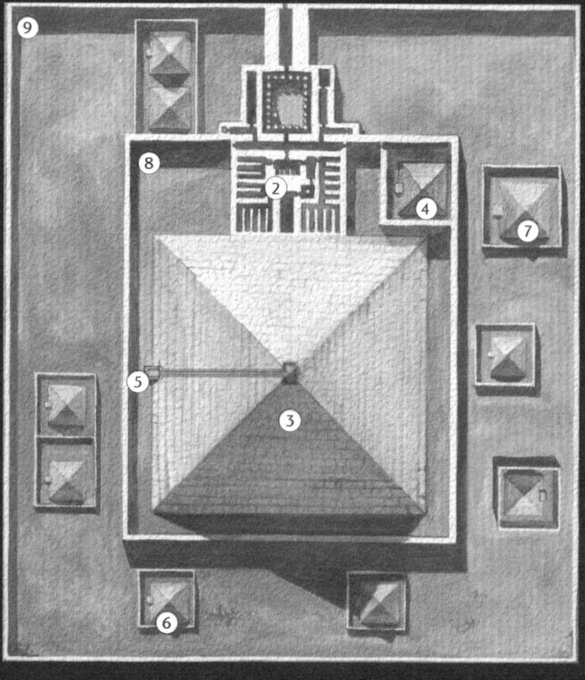

神庙和塞索斯特里斯一世的金字塔使用的材料不堪岁月摧残，如今已经沦为一片废墟。中王国时期的金字塔与古王国时期的金字塔比较而言，其保存得更差。一方面，由于围绕砖石核心进行修建，导致建筑质量本已堪忧，而保存的难度则更大。另一方面，由于含水层水面升高，导致无法进入墓室。

① 临河庙和通道

临河庙位于临河处。通道从临河庙伸出，两侧栽种树木，每隔10米设立一个放置法老的奥西里斯（osiriaque）雕像的壁龛。

② 葬祭庙

通道通向金字塔，葬祭庙就位于此处，这是丧葬祭司每日主持祭拜法老之所。

③ 法老的金字塔

法老永恒安眠之处位于葬祭庙之后。由于建造时使用的技术拙劣，加之含水层上升，目前金字塔已沦为一片废墟。

④ 卫星金字塔

在法老金字塔附近，有一个规格更小的建筑，被称为“卫星金字塔”，其内没有石棺。这个建筑是为君主的卡（生命力）修建的。

⑤ 金字塔入口

从背面的入口可以进入金字塔内部。墓室在底下挖出，位于下坡道的尽头。

⑥ 附属金字塔

在第二道墙内部，主金字塔周围矗立着九座小金字塔，王室重要成员（公主、嫔妃）或王庭重要成员埋在这些金字塔中。

⑦ 王后金字塔

塞索斯特里斯一世的王后涅弗鲁（Néferou）埋葬在他身侧。王后金字塔规格更小，位于大金字塔一角。

⑧ 内墙

内墙使用石灰石修建，高5米。内墙外表面，每隔5米雕饰着一个法老的塞拉赫，每个高4.2米。

⑨ 围墙

围墙围绕整个丧葬建筑群修建，高度相当可观，将法老在位期间修建的9座附属金字塔围在墙内。

塞索斯特里斯一世

这位法老有多座全身像存世，均头戴双王冠。这尊全身像头戴上埃及白冠，现藏于开罗埃及博物馆。

女性长裙外面又穿了一条男性的缠腰布。在塞贝克涅弗鲁王后在位时期，似乎仅是由于国事繁忙而没有组建商队。可以肯定的是，这位女法老离世之后，第十二王朝也就此宣告终结，而之所以如此的主要原因可能是她没有男性继承人。

文学的黄金时期

如果认为历史始于文字，那么埃及文明绝对是古代最古老的文明之一，因为古埃及不仅为我们留下了大量的私人和公共文件，还为我们留下了大量的文学财富。

当时，埃及的识字人口约为3%~5%，很明显文学创作仅来自王庭。这种书面文化有意识且有“政治目的”始于第十二王朝，文学在当时作为传达某些规定和原则的手段。社会精英会高声朗读，将信息口头传递给普通民众。这一王朝的君主们有意对国民进行政治和思想控制，因此在这一时期出现了大量的故事，其中不仅包括明显对应中王国时期的故事，还包括一些涉及古王国时期要人的故事，如《普塔霍特普之教谕》(*Enseignement de Ptahhotep*)或《霍杰德夫之教谕》(*Enseignement de Hordjedef*)。

关于纯文学故事，中王国时期产生了三部法老文学的杰作：《能言善辩的农夫》(*Le Paysan éloquent*，文献中提到的一个虚拟的王室头衔与塞索斯特里斯二世的王衔十分类似，认为这一故事完成于塞索斯特里斯二世统治时期)，《辛努亥的故事》(*Le Conte de Sinouhé*，文中一处明显的抄写错误确认这个作品完成于阿美涅麦斯三世统治时期)以及《船难幸存水手的故事》(*Le Naufragé*，这个故事追溯至中王国时期，但不确定是第十二王朝之初还是末期)。这三个故事的内容使它们都具有深刻的政治社会意义。

《能言善辩的农夫》的主人公库姆-因普(Khoum-Inpou)和家人生活在瓦迪那特伦(Ouadi Natroun)，他们生活十分优渥。一天，库姆-因普看到粮食还足够，便赶着驴子带着货物去位于法尤姆绿洲附近的都城变卖。快到都城时，一位名叫杰乌迪-纳克特（Djéhouty-Nakht）的官员给他设了个圈套，寻了个“莫须有”的罪名给了他一顿棒打，没收了他所有的货物。这位农夫觉得自己没错，便去官府告状，可官府二话没说就把他打发走了。于是，库姆-因普气冲冲地来到更高一级的官府，大总督朗西（Rensi）认真地听了他的禀告，对这位瓦迪那特伦农夫的口才大感震惊。听完库姆-因普的陈述，朗西没有做出任何裁决，而是把这个农夫的故事讲给了法老听，还把这个农夫的口才大大夸赞了一通。君王感到十分有趣，命人把库姆-因普的要求写下来，还命令所有的工作缓办，并偷偷地资助农民和他的家人，让他们在这场骗局结束前不会缺衣少食。库姆-因普抗辩了九次，一次比一次更生气，终于耗尽了朗西的耐心，做出了正义的判决。最终，大总督朗西向农民解释了为什么他一直保持沉默，迟迟没有宣判。库姆-因普后悔自己对朗西出言不逊，并最终看到杰乌迪-纳克特受到了应有的惩罚：除了把骗取的货物归还农夫之外，还没收了杰乌迪-纳克特的全部财产，并把它们全都送给了农夫。

《辛努亥的故事》讲述了王室仆人辛努亥的一生，他跟随王位继承人塞索斯特里斯一世出征。当塞索斯特里斯一世得知阿美涅麦斯一世遇害的消息后，立即返回王庭。就在这时，辛努亥偶然听到随军出征的几位亲王对话，大惊失色，而后偷偷逃跑了。在泅渡尼罗河，趁夜色穿过东部三角洲边境之后，辛努亥被一些去往比布罗斯的游民所救，因此在沙漠中躲过一劫。整整六个月后，辛努亥来到了赫特努（Retenou），赫特努的亲王收留了他，赏给他许多良田，并对他非常信任，还把自己的一个女儿许配给他。辛努亥就此成为一个大人物，他把亲王的敌人打得溃不成军。同时，所有经过辛努亥所在地区的埃及人和商队都得到他的接待。一天，发生了一件事情，而这件事令人联想到《圣经》中大卫和巨龙的故事。一位不可战胜的勇士前来向辛努亥发起挑战，辛努亥击败了他。但等到辛努亥年老的时候，他开始想念埃及，希望自己能够叶落归根，并按照传统埋葬到埃及。因此，当辛努亥收到塞索斯特里斯一世邀请他回到王庭的信函后，信中说王庭里没有人知道他为什么会逃走，于是辛努亥没有任何迟疑地接受邀请并回到了埃及。尽管

宰相：埃及身份显赫的行政管理头面人物

在经历了导致第一中间期的动荡之后，中王国时期的法老采取了一系列措施加强对埃及的行政管理。其中一项措施便是迁都至法尤姆地区，并修建大量的灌溉工程。另一项措施则与国家治理直接相关，尤其是与宰相的职务直接相关。

担任宰相，意味着获得了法老的充分信任。目前，我们掌握了这一职务在前几个王朝时期的相关信息。最早，这一职务出现在纳尔迈调色盘上。在古王国初期，只有王室成员才能担任宰相一职。在整个古埃及时期，宰相的职能在于治理国家，同时他们也需要对公共工程落实负责，他们是法老重要的代表，也是王室法院的最高法官。宰相雕像特征在于服饰，宰相身穿齐胸长袍，长度直至脚踝，长袍有带，在颈后束起（如图所示）。此外，宰相还负责裁断，一般会佩戴有女神玛特（Maât）像的项链——玛特是正义的象征。有些法老在登上王位之前就是宰相，这使他们能够熟悉如何掌权。

插图 宰相塞内布苏马（Senebsuma，第十二王朝）像，铜片材质，出土于哈瓦拉。现为私人藏品。

安卡生命的象征（第 168—169 页）

这一浮雕装饰于卡纳克白教堂上，是塞索斯特里斯一世在第一个塞德节后修建的。它展示出了法老从神明阿蒙-拉手中接过安卡的情形。

辛努亥心中十分担忧，但法老和整个王室热烈地接待了他，给予了他无数恩典，直至多年后他溘然长逝。

《船难幸存水手的故事》的开篇讲述了一支商队生意失败回到了埃及，大家都意志消沉，为了使大家提起信心，一位水手向心怀愧疚的船长讲述了他在大海上经历的一段奇事。几年前，他曾经随另一支船队出海，出海时一帆风顺，直到一场风暴忽然袭来掀翻了船只。在神明的护佑下，他漂浮到一个小岛上。醒来时，这个水手惊骇地发现在这个岛上住着一只巨蟒。虽然巨蟒把他吓得要死，但这只巨大的爬行动物并没有伤害他，还给他讲了自己的过去：巨蟒孤零零地生活在这座小岛上，一场火雨吞噬了它的家人的生命。遇难的水手听到它悲惨的身世之后非常同情，他

向巨蟒许诺等一回到埃及就会想办法让人供奉巨蟒，让它得到应有的供品。但巨蟒请他不必费心，因为等水手被人类所救而满载珍宝离开小岛之后，它就会永远地沉入深海再不复现。最后，事情按照它说的那样发生了。可惜，故事到这里就结束了，这位讲故事的水手还没来得及安抚好忧伤的船长。

努比亚的埃及人

当埃及人认识到来自非洲撒哈拉沙漠以南地区的产品具有巨大价值，发现努比亚人经过埃及经常与本地人发生冲突后，埃及人意识到必须掌控下努比亚地区。法老门图霍特普二世也多次尝试征服努比亚人，但几次尝试均以失

阿美涅麦斯三世斯芬克斯像

这位法老最令人惊叹的形象之一就是这座斯芬克斯像。诚然，斯芬克斯像并非前无古人，但这座像的独特之处在于狮身占比很大，法老的头部直接出现在狮身部分。这座斯芬克斯像在喜克索斯法老时期和新王国时期被再次使用，因为它出土于尼罗河三角洲的泰尼斯（Tanis）阿蒙神庙中。现藏于开罗埃及博物馆。

败告终。这位法老只有一次军事出征，但这次征战也不过在距离象岛很远的地方便铩羽而归。待到第十一王朝最后一位君主门图霍特普四世的几次出征后，埃及才获得了真正的胜利。这几次出征后，埃及开始控制象岛周边地区和阿斯旺地区的多座努比亚矿山。

第十二王朝也同样对埃及在努比亚地区的政治利益十分关注，但人们常常认为阿美涅麦斯一世被国内事务缠身，因而无暇顾及南部地区。尽管如此，在其统治后期，阿美涅麦斯一世仍然组织了一次对努比亚的征战，并以胜利告终。这些胜利的战果在他的儿子塞索斯特里斯一世手中得以进一步扩大，塞索斯特里斯一世登基第十八年时出兵征伐努比亚人。

取胜之后，整个下努比亚地区从象岛到布衡完全落入埃及人掌心。埃及人一路推进，步步为营，每攻克一座城池便修建一座要塞。修建这些建筑，是后世埃及统治者即阿美涅麦斯二世和塞索斯特里斯二世在努比亚进行统治的主要目标。实际上，这些君主不仅加固了这些要塞，并且修建了更多的新要塞。有些要塞“专门”用作未来远征的粮草物资的仓库，如阿斯库特（Askout）要塞。另一些要塞成为贸易中心，如米尔吉萨（Mirgissa）要塞。所有的要塞都是防御中心，是君主军事实力的见证。

要塞包括由长长的墙体构成的围墙，四角和墙体中段设有塔楼，并有比主防御土墙高度稍低的防御性第一棱堡，且在塔楼前方有一条无水的壕沟。当时，沿尼罗河在第一瀑布和第三瀑布之间的平原地区修建了多座要塞。

之后的一位君主即塞索斯特里斯三世，为征战平定努比亚地区付出了更多的心血。为此，塞索斯特里斯三世加大了军事行动的力量，可以将其定性为发动了一场战争。其结果导致了在其登基第六年、第八年、第十年、第十六年和第十九年，塞索斯特里斯三世共出兵五次。然而，尽管采取了武力手段，但塞索斯特里斯三世主要还是用外交和贸易的手段实现了对努比亚地区的控制。在塞索斯特里斯三世登基第八年时，他将这一情况镌刻在塞姆纳（Semna）要塞的石碑上。此外，在石碑上还明确了以此点画线，努比亚人及其畜群均不可越过此线。此处埃及对最南端的控制地即为上、下努比亚地区的边境，任何塞索斯特里斯三世的军队均不得向南继续进犯。实际上，当时由于尼罗河水位下降，君主及其军队很可能在沙漠中心地带孤立无援，因而塞索斯特里斯三世不得不尽快撤离该地。对于法老们来说，崛起的库希特王国是非常强劲的对手。

第十二王朝最后三位君主满足于保持历经之前君王的努力而取得的现状，但实际上其中一些君王曾经向努比亚地区派出过商队。

我们由此可知，埃及人和努比亚人之间的关系，以及其他各外族人民之间的关系，极其特殊。从文化方面来看，居住在法老王国统治范围之外的人民被视为生活在一片混沌之中。对于这些人，应采取的态度是要采取各种手段，包括采取魔法以及充斥着咒语的仪式征服他们，进而消灭他们。但这并不能阻止具有务实精神的法老们与他们进行贸易往来，或在必要时刻发动战争，一旦他们归顺成为法老的臣民并按照埃及人的生活方式生活时又心无芥蒂地接纳他们。

砖石金字塔

第十二王朝的君主们决定放弃门图霍特普二世选择的混合了各种传统的地下墓葬方式，他的后人们也无一能够重现这种墓葬方法。他们选择回归孟菲斯时期传统的皇家陵墓形式，同时为这种传统的丧葬方式增加了一定的变化。这一时期，几乎所有的法老都将金字塔修建在法尤姆湖地区。阿美涅麦斯一世和塞索斯特里斯一世都按照古王国时期的规制将金字塔修建在利希特，都带有下庙（两位法老的下庙均尚未发掘）、入口、上庙、主金字塔以及附属金字塔，而且所有的金字塔都坐东朝西。石质围墙的修建使用了第六王朝的技术：石块大小不一，使用沙子和岩粉填充空隙。为了解决财力、物力的问题，塞索斯特里斯一世用横向的墙体将金字塔内部进行了分隔，创造性地形成了被填满的隔间。最终，外部的覆盖层使用了石灰石，使外观异常壮观。

阿美涅麦斯二世则选择埋葬在代赫舒尔墓地。他同样修建了带有填满沙子的内

南方边境：努比亚要塞

第一中间期之后，埃及再次尝试占领南部边境下努比亚地区的土地。这一次，埃及不仅收复失地，而且直接将边境推至第三瀑布。夺取土地后，埃及沿尼罗河修建了多座要塞。

为控制商品和商旅的流动，埃及法老在尼罗河两岸尤其在最狭窄的路段修建了许多要塞。其中，有一座要塞最为重要，那就是使用土砖坯建成的布衡（Bouhen）要塞。如今，这座要塞仅存围墙、塔楼以及一部分内部结构。令人遗憾的是，阿斯旺大坝的建成使这座建筑淹没在水下。这座要塞最初是在塞索斯特利斯一世时期修建的，当时修建了两道围墙，长方形塔楼以及两个可以从尼罗河进入要塞的入口。在要塞内部，除了堡垒本身，还修建了一座神庙。

插图 布衡要塞沉入水下之前的外墙。

努比亚商人

这座小雕像展示了一位扛着巨大容器的努比亚人，容器里装满了各式各样的货物。现藏于开罗埃及博物馆。

部有隔间的金字塔，这座金字塔坐落在一道类似于左塞尔金字塔的围墙内，与此地其他金字塔的区别在于其坐东朝西。

塞索斯特里斯二世为皇家丧葬建筑群带来了最大的改变。他的金字塔修建在拉胡恩（El-Lahoun），带有内部填满砖石的隔间，同时这座金字塔是第一座入口并不位于北部的金字塔。这并不是因为文化发生了变化，而是为了使盗墓者难以进入金字塔。实际上，自史前时期以来，墓中珍宝遭到洗劫的问题就一直存在。因此，需

❶ **布衡要塞及其入口** 城堡共有两个入口。其中一座门带有一条通道，直接抵达尼罗河；另一座门朝向沙漠腹地，在这座门所在之处建有两道围墙。

❷ **瞭望塔** 布衡要塞建有多座长方形的瞭望塔，位于要塞四角。

❸ **围墙** 使用土砖坯建成的围墙包围整座建筑，墙体厚5米、高9米。除临河围绕城堡的围墙外，还有一道加固内墙阻止敌人进入要塞。

❹ **城堡** 布衡围墙雄伟无比，围出一个长150米、宽138米的空间，要塞内部曾容纳许多人和牲畜。当时，仅通过尼罗河向要塞内部运送供给。

要通过围绕墓室一周，将墓室与外界隔绝类似于孤岛的通道，方可从北部进入墓室。

塞索斯特里斯三世再次将陵墓修建于代赫舒尔。他的陵墓同样为砖石结构，但没有对内部进行分隔。这座金字塔的外围有一道围墙，其风格为典型的第三王朝时期的长围墙风格，与左塞尔金字塔一样坐北朝南。陵墓建筑群中的一座附属金字塔正是王后奥耶特二世（Oueret Ⅱ）的坟墓，这座金字塔保存完好，里面放置着王后的木乃伊。同样，为了表现奥西里斯的重要性（这位神祇对于相信在

“灵魂之家”：中王国建筑模型

模型是一种随葬品。除了展现完成不同任务的人物之外，人们发现这些模型还重现了当时埃及的房屋建筑。

之所以被称为“灵魂之家”是出于这些模型的丧葬用途的考虑，这些建筑展现了中王国时期的居住状况。有些房屋（如图所示，现藏于伦敦大英博物馆）是一座单层的房屋，高度不高，一道合围的围墙围出院落。还有一些房屋类似于我们今天的联排套房，高度十分可观。但目前发现还有一些属于贵族或高官的房屋，这些房屋带有漂亮装饰的花园以及外观十分奢侈的柱廊。

冥界复生的人而言不可或缺），塞索斯特里斯三世在阿拜多斯也修建了一座金字塔，而这座金字塔的内部空间分布极为特别：首先这座直线型的金字塔以弧线收顶，与国王谷中图特摩斯一世和哈特谢普苏特（Hatchepsout）的陵墓十分类似。目前，人们对塞索斯特里斯三世的埋葬位置并没有确切了解，有观点认为他实际埋葬在阿拜多斯。

第十二王朝的最后一位君主是阿美涅麦斯三世，他的金字塔已经得到确认。同样，他也决定首先在代赫舒

尔修建第一座砖石金字塔。这座金字塔中埋葬着一位不知名的妃子，以及王后阿特（Âat）。但由于当地土地状况堪忧，而且地下墓室中很快出现了裂缝，阿美涅麦斯三世决定在法尤姆湖附近的哈瓦拉修建第二座金字塔，这座金字塔同样为砖石结构。与第三王朝时期国王们修建的围墙类似，这座金字塔的围墙也呈长方形。阿美涅麦斯三世要求这座金字塔的朝向为坐北朝南，内部墓室布置方式十分特殊，目的是防止或者说尽可能地防范盗墓者进入。墓室内部通道延绵，似无尽头，一条隐

阿美涅麦斯三世金字塔

法老阿美涅麦斯三世金字塔位于哈瓦拉，如今内部核心已经沦为一片废墟。希腊历史学家希罗多德认为这座金字塔附近的葬祭庙结构太过惊人，他将其称为“迷宫”。

第十三王朝法老

公元前1776年—公元前1650年

威格夫（Ougaf）

塞赫姆拉·桑赫塔威·内弗尔霍特普（Sekhemrê Sânkhtaoui Néferhotep）

阿蒙涅姆赫特四世–阿美涅麦斯（Amenemhat Ⅳ-Amménémès）

荷尔（Hor）

索贝克霍特普二世（Sobekhotep Ⅱ）

汗杰·乌斯卡拉（Khendjer Ouserkarê）

索贝克霍特普三世（Sobekhotep Ⅲ）

内弗尔霍特普一世哈塞赫姆拉（Néferhotep Ier Khasekhemrê）

萨哈托尔（Sahathor）

索贝克霍特普四世哈内弗拉（Sobekhotep Ⅳ Khanéferrê）

索贝克霍特普五世哈霍特普拉（Sobekhotep Ⅴ Khahotepré）

阿伊·梅克赫普拉（Aÿ Merkheperrê）

蔽的通道通向另一层的另一条通道。由于建筑上的精妙繁复，这座建筑外围的金字塔被希腊历史学家希罗多德（Hérodote）称为“迷宫”。

第十二王朝最后两位法老即阿美涅麦斯四世和塞贝克涅弗鲁王后的金字塔，至今未能得到确认。然而，有人认为美兹哥哈纳金字塔正是他们的金字塔。

王朝更迭导致权力交接的方式发生了变化。在长达一个半世纪的时间里，许多君主登上王位，但他们的统治期非常短暂，宛如昙花一现。这也解释了为什么今人对于这些法老的所作所为知之甚少，大部分只知道他们的名字以及历史上出现的先后次序。

王国的终结：第十三王朝

在第十三王朝的前二十年里，基本每两年就有一位新法老上台。自索贝克霍特普二世（Sobekhotep Ⅱ）起，法老在位的时间略有增长，六十多年时间里共有十七位君王登上王位。索贝克霍特普四世（Sobekhotep Ⅳ）之后，掌权的规则发生了翻天覆地的变化：三十位法老轮番登上历史舞台，每位法老都无法在位长久，只有两位法老统治期达到了二十年。埃及学者倾向于将这种频繁的权力更迭归结为当时存在的几大家族，他们把持着国家的各项事务，家族成员轮番上台，但没有引起任何异议和政治上的反对。尽管君主之位看似不够稳固，但

象岛诺姆长

与第一中间期类似，在这段时期诺姆长即诺姆的统领，在家乡开始修建属于自己的地下坟墓。尤其是诺姆长萨朗普特二世（Sarenpout Ⅱ），他将陵墓修建在象岛的库贝特哈瓦（Qubbetel-Hawa）。

插图 萨朗普特二世地下坟墓内部壁画，壁画中展示了这位统治者多个日常生活的场景。

第十三王朝似乎并不是一个充满危机的时期。

第十三王朝处于中王国末期，第十二王朝君王设立的行政结构尚在运行，仍然稳固且高效。伯拉克纸莎草 18 对此有所证实，这是一部非凡的文献。这份文献描写了一位名字未知的君王到访埃及十二天中举行的活动和仪式，其中一个篇章题为“官员日常定量配给次序名单”。这份名单分为几栏，按照降序详细标注了到达王庭人员职务及对应的配给。第一栏所列人员似乎均为高，宰相安克乌（Ankhou）的名字列在首位。之后是下埃及国王的三位大臣，每位大臣分别负责一项埃及行政事务：军事事务、农业事务以及皇家档案。这四位高官之后是其他参加法老宴席的名望稍小一些的官员，再之后是三位官衔更低的官员。纸莎草第二栏记录的则是皇室成员，表中第一位自然是王后（Iy）——其他文献也证明这位王后与宰相同为一族，之后是长子，然后是长女，最后是法老的九位兄弟姐妹。由于这一栏人员社会地位非常高，因此这一栏中后续官员的行政等级则至少与这些人员持平，甚至更高。此外，文中出现了“儿童游乐室仆人”或“大总管”等职务，担任这些职务的人员似乎比大臣权威更高。

这份纸莎草还显示宫殿分为三个功能区，每个区域分别对应不同类型的人员使用：per-aa，或称外殿，用于处理公用事务；kap，或称内殿，用于皇室人员居住；而第三个区域是仆人活动区域。尽管行政结构已经十分稳固，但是第十三王朝法老极其寒酸的陵墓反映出社会和法老的形象出现了变化。其中，最著名的是国王荷尔的陵墓，因为国王荷尔竟然安葬在位于代赫舒尔的君主阿美涅麦斯三世庭院中掘出的简陋墓井中。

在埃及国外，法老似乎仍然具有威力，如比布罗斯的亲王自称是“埃及的仆人”。著名的塞姆纳信件是要塞和王庭之间的往来行政函件，这份文献显示出埃及与努比亚在当时和平共处，贸易商往来密切。至少在索贝克霍特普四世上台时一直保持这种状态，但在其在位期间该地区发生了多起暴动。因此，前一王朝修建的要塞逐渐遭到遗弃。这一地区保持了多民族杂居，他们是具有埃及血统的努比亚人、库施人以及沙漠地区的麦德察人。

除了失去对努比亚的控制，这一时期在三角洲地区同样发生了几件大事。由于某些未知的原因，包括近东人在内的外国人在该地区激增。这些人数量增长十分惊人，甚至在阿瓦里斯（Avaris）和索伊斯（Xoïs）等市内一度出现了一些自立山头的小国王。由此，埃及进入了一个新的历史阶段，这段时期被埃及学者称为“第二中间期”，它之后便是辉煌的新王国时期。

凯尔迈的德弗法

这一土砖坯结构的建筑迄今为止已经具有三千五百年历史，它是库施王国旧都神殿内部的一部分。

插图（右侧） 嵌有宝石的手环，它是第十七王朝王后伊阿霍特普（lâhhotep）之物。现藏于开罗埃及博物馆。

外国国王

在编写法老时期的埃及编年史时，19世纪历史学家C. J. 本生(C. J. Bunsen)提出的“王国”和“中间期”的划分为埃及学者的工作提供了极大的便利。但如果按照曼涅托在《埃及史》中使用的“朝代”进行划分，那么就会背离真实的历史。实际上，两个时期之间从未明确是如何过渡的。

我们很难指出历史究竟是在哪一刻进入到一个新的阶段，因为事物发生变化之前需要漫长的演变。在研究第二中间期时，这一点就变得显而易见了。直到最近，第二中间期都被认为是法老时代的埃及历史的转折点。

关于这一时期发生事件的先后顺序，历史学家面对的是海量的文献资料：圣甲虫像、墓碑、大量考古遗迹，而且还包括内容不完整的都灵皇家纸莎草。但这些资料大部分彼此之间都毫无关联，零零散散，导致现在难以精细地了解和排列这一时期的史实。因此，第十三王朝（孟菲斯）时期在三角洲地区出现了第十四王朝和第十五王朝，即“喜克索斯”王朝，终结于伊奇塔威（Itchtaouy）。几乎与此同时，在南部的底比斯，出现了第十六王朝和第十七王朝，即“底比斯”王朝。第十七王朝再次全面统一整个国家，之后便是开启新王国的第十八王朝。第二中间期重现了第一中间期的历史：整个尼罗河谷被多个政权所控制，分成若干区域后，这些区域又逐渐相互吞并。最终，统治最南部的底比斯地区的统治者在争斗中胜出。

和平入侵

直到近来，历史书籍中关于第二中间期的阐述，似乎全部是法老抄写员撰写的书稿。按这种方法介绍史实，我们会看到凶残的侵略者从近东前来入侵，使用暴力和伏击的方法从迦南进入国家腹地。在消灭中王国最后一个王朝后，他们让国土经历了火与血的洗礼，将埃及化为一片焦土。近东人骁勇善战，尤其擅长使用马匹、战车以及铁制武器，而当时的埃及人还没有掌握制造铁制武器的技术，法老部下英勇的抵抗在他们眼中不值一提。只有孟菲斯政权的继承人、法老权力合法的拥有者即南部底比斯亲王们，他们面对入侵顽强抵抗，在历尽艰苦绝卓的反击之后，终于使埃及再次统一。然而，埃及学家采用新的研究方法进行研究，并在三角洲地区扩大了考古范围之后，他们发现真实的历史并非如此。

首先应当排除的一种观点是，短时间内许多人从叙利亚和巴勒斯坦来到这一地区，他们将埃及人逐出三角洲地区。实际上，考古成果已经证明早在喜克索斯人到来之前，就已经有大量的近东人居住在尼罗河三角洲地区。最近在可能是喜克索斯王朝都城的阿瓦里斯开展发掘工作，结果表明中王国时期已经有大量近东人居住在城中。这些人不仅包括战士，还包括某些领域的行家里手，如在地中海出航的水手，与近东地区开展贸易往来的商人。陵墓的陪葬品以及居住区的遗迹表明，当时的居民在三角洲定居已久，他们已经丢失了一部分自己的文化传统，而加入了某些埃及习俗。由于叙利亚–巴勒斯坦之根深埋心中，经过深度的文化同化且没有来自王庭的强制管束（约在第十三王朝时消失），他们成功地发展出属于自己的文化。

喜克索斯国王

埃及人将叙利亚–巴勒斯坦地区的居民称为“阿姆（aamu）”，他们也用这个词称呼没有埃及血统但已经成为喜克索斯王国一分子的三角洲居民。“喜克索斯”一词源自希腊，本身是埃及人称呼三角洲东方统治者的单词 Jekahasut 的变形，这个词的字面意思为“外国统治者”。这一表述似乎没有很强的轻蔑意味，而只是用于表示这些君主的地位稍逊于埃及法老。由于目前能够获取的各类文献主要都是埃及文献，所以这种表达也就可以理解了。此外，这些统治者的名字都不是埃及常见的名字（谢希 [Salitis]、基安 [Khyan]、哈穆迪 [Khamoudy] 等），其也表明他们确实都不是尼罗河谷的当地人。

但是，我们知道喜克索斯国王并不是使用了残酷手段夺取政权的。由于下埃及地区大量的东方人已经被埃及文化同化，因此有理由推测随着时间流逝王国在三角洲地区的控制力式微，出现了许多新型的叙利亚–巴勒斯坦诺姆势力。由于这一地区地理位置得天独厚，他们很自然地决定在此地定居。同时，埃及文化对他们来说并不是全然陌生的，因为埃及文化本身就具有许多东方特色，所以他们很快融入了埃及文化。就这样，东方人似乎在三角洲东部阿瓦里斯（Avaris）定居，阿瓦里斯的精英阶层逐渐变得主要由喜克索斯人构成。这种进程同样出现在该地区其他重要城镇，最终三角洲地区的局部地区出现了独自为政的统治者。这些“君王”建立了第十四王朝，在伊奇塔威发号施令，与孟菲斯第十三王朝共治江山。

在这些独立的政治势力中，力量最为强悍的是阿瓦里斯政权，这一政权以阿瓦里斯为都城，势力逐渐扩大，最终吞并了所有喜克索斯的政权。就此，在三角洲地区建立了一个“地中海东岸地区”（或近东地区）的和平王国，而围绕权力中心分布着多个实力稍逊的政治团体，这些团体由侍从和封臣进行管理。第十四王朝之后迎来第十五王朝（喜克索斯），同一时期第十三王朝也正在经历最后的挣扎。在孟菲斯政权取胜并占据喜克索斯势力范围之后，喜克索斯政权似乎才宣告灭亡，当时喜克索斯人的势力已经延伸至中埃及的库塞（Cusae）。

尼罗河三角洲的亚洲人以及新风俗的出现

自第十二王朝早期法老的统治伊始，一部分较为爱好和平的近东诺姆在尼罗河及其周边地区安定下来，位于贝尼-哈桑（Beni-Hassan）的赫努姆霍特普（Khnoumhotep）陵墓壁画（见下图）就是明证。当时，这些近东人大部分都是建设王国的劳力。除了埃及风格的房屋，还修建了（近东）亚洲风格的房屋，而且在居住区也存在土葬的现象。随着时间流逝，这些新来到尼罗河地区的人民跻身埃及行政管理阶层成为王国官员，开始担任重要的职务，而在第十五王朝时其中一位亚洲人甚至篡权夺位。

迦南喜克索斯圣甲虫像

这些圣甲虫像带有喜克索斯时期的纹饰和椭圆形装饰框，出土于距离埃及边境较远的地区。现藏于以色列博物馆。

第十四王朝法老（喜克索斯）

公元前1773年—公元前1650年

多个未成年君主，他们可能与第十三王朝或第十五王朝的君主是同时代人。

尽管我们至今仍不知晓大部分第十四王朝法老的名字，但是他们实现了尼罗河三角洲地区的集权统治。这些法老中有些是第十三王朝国王的封臣，第十四王朝都城位于伊奇塔威。

根据国王卡莫西斯（Kamôsis，底比斯第十七王朝）的文献，当时库塞在底比斯政权的最北部。在喜克索斯第十五王朝，有六位国王登上王位，其中最著名的是阿波菲斯（Apophis，也被称为阿乌塞拉·阿波比 [Âaouserrê Apopi]），击退了（底比斯）第十七王朝的最后两位君王。

喜克索斯的近东文化背景是在这一时期在三角洲地区的埋葬方式方面发生了变化，如修建完整的陵墓而不再修建居住建筑，陪葬品中出现驴

❶ **新物品** 亚洲人带来了各种新的日常用品。其中，包括一种乐器——手持竖琴，这种乐器很快就赢得了埃及人的芳心，开始出现在陵墓的壁画和浮雕中。

❷ **平和的群体** 与入侵的游牧民族不同，其与一些资料显示的情况不一样的是，亚洲人以非常平和的方式来到尼罗河三角洲地区。他们带着妻子、孩子和全部的财产，举家搬迁来到这里。

❸ **马和驴** 古埃及把驴当作运输工具，但亚洲人带来了新的动物——马。因此，在一些东方坟墓中，可以看到许多马匹作为陪葬品埋在地下。

❹ **新的武器** 新来的亚洲人还带了新的武器——克赫帕什镰形刀，这是一种剑身顶端弯曲的武器，并很快成为法老的常用武器出现在与埃及敌人的战斗中。

❺ **外国统治者** 在陵墓壁画上，可以看到象形文字清楚地记载了这些新来的人成为hekahasut，即“外国统治者”，而这个词就是后来的“喜克索斯”（hyksos）的词源。

等。最奇怪的一点在于，喜克索斯文化似乎在三角洲地区之外并无影响。在国家其他地方，随葬品几乎都没有受到巴勒斯坦文化影响的痕迹。这种文化冲击缺失的情况，同样出现在喜克索斯王国所剩不多的珍贵遗迹中，而这些遗迹似乎继承了更多的中王国时期的艺术风格。这种现象在其他文化表现方式中也有体现，如文学，文献仍然使用埃及文字编写，而莱因德纸草书（纸莎草手卷）是这一时期关于数学和历法的书籍。

东方文化的影响也体现在宗教领域。喜克

第十五王朝法老（喜克索斯）

公元前1650年—公元前1550年

这一时期文献很少。

谢希（Salitis）

王表中第一位喜克索斯君王。

雅库布赫·梅里乌塞拉（Yakhob-har Mériouserrê）

具有东方血统。

希安·苏塞朗拉（Khyan Souserenrê）

与近东地区开展贸易活动。

阿乌塞拉·阿波比（Âaouserrê Apopi）

以埃及名统治上埃及地区。

哈穆迪（Khamoudy）

国王阿莫西斯（Amôsis）同时代人。

喜克索斯人带来的——战车与战马

喜克索斯人为埃及军队带来了许多新事物，其中包括双轮战车，而拉车的也是一种新的动物——马。战车和战马很快得到了法老的青睐，从此之后经常看到绘画中表现法老坐在一匹或多匹战马牵拉的战车上射箭的场景。

喜克索斯人还带来了一系列先进的技术，这些技术对军队来说十分重要。其中包括克赫帕什镰形刀，这种顶部弯曲的武器后来成为法老的常用武器，但最重要的革新还是战车和战马，因为在此之前埃及人并没见过马。埃及人不仅很快也开始使用战车，甚至还进行了改良，使战车变得更平稳。新王国时期这种神器带来的革命，导致在军队中建立了战车部队。战车三面有保护，木质车身可容纳两人——驾车手和弓弩手。

插图 类似于喜克索斯为埃及人带来的战车的模型。

第十六王朝法老（底比斯）

公元前1650年—公元前1580年

与第十五王朝同时期的底比斯早期统治者

目前，我们认为大约有十五位统治者在此期间统治着底比斯地区，其中包括：

乌普阿乌泰姆萨夫（Oupouaoutemsaf）

埃克赫尔诺弗拉特·内弗尔霍特普（Iykhernofret Néferhotep）

阿波菲斯（Apophis）

索斯人主要信奉的神明是塞特，他是杀死奥西里斯的凶手，这位叙利亚-巴勒斯坦的重要神明之一在埃及也享有重要地位。阿娜特（Anat）和阿斯塔蒂（Ashtart）崇拜也在埃及开始出现，这些崇拜也同样来自叙利亚-巴勒斯坦文化。此外，在克里特岛（Crète）和安纳托利亚（Anatolie，即小亚细亚半岛）的某些出土物带有多位喜克索斯国王的名字，这表明来自近东地区的商人与东地中海地区保持着商贸往来。当然，还有发现于达巴（Tell el-Dab′a）的明显是雌雄同株的牛胆碱的壁画，这幅壁画很可能是当时来到此地或在此地生活的克里特艺术家所作。

底比斯安特夫八世的金棺

第十七王朝底比斯君王，继续传承将法老装殓在涂金木质棺椁中的传统（如图所示）。其特别之处在于包裹死者的羽毛，好像这些羽毛是守护女神的翅膀。现藏于巴黎卢浮宫。

底比斯王朝

在底比斯及附近地区共有十五位左右的国王形成了底比斯第十六王朝。与此同时，第十三王朝末期的法老坐镇都城伊奇塔威，而喜克索斯第十四王朝的国王统治着尼罗河三角洲地区。实际上，这是都灵王表（都灵皇家纸莎草）经过修复后显示的内容。同时，石碑以及陵墓可以确立他们之间在系谱上的关系，并确定时代的先后次序。

不过，实际上如果将这些国王都称为底比斯国王就错了，因为他们虽然确实是在三角洲地区，但可能是上埃及几个主要城市的统治者，如阿拜多斯、底比斯、卡布或埃德夫。但有些国王如乌普阿乌泰姆萨夫（Oupouaoutemsaf）或埃克赫尔诺弗拉特・内弗尔霍特普（Iykhernofret Néferhotep），在石碑上留下了姓名，除此之外还留下了许多有趣的历史信息。埃克赫尔诺弗拉特・内弗尔霍特普石碑记述了他成功突破底比斯围困，但遗憾的是石碑上的记述没有任何关于他对手的内容。因此，我们现在无法清楚地得知究竟前来进犯的是喜克索斯人，还是埃克赫尔诺弗拉特・内弗尔霍特普只是平定了当地的叛乱。

对于第十七王朝的九位君主，我们了解得更多一些。虽然都灵王表上没有他们的名字，但是许多其他的考古资料已经表明了他们切实存在。其中，五位法老的木乃伊发现于 19 世纪晚期，四具已经粉碎，仅有一具尚还保存完好。

这具被制作成木乃伊的遗体，被证实正是第十七王朝倒数第二位君主塞格嫩拉・塔阿（Séqénenrê Taâ）。这具木乃伊发现于德埃巴哈利神庙附近的一座陵墓（DB320）中，而它的发现纯属意外，其于 1871 年被大名鼎鼎的底比斯盗墓家族阿布德・艾尔–拉苏尔（Abd El-Rassoul）家族的一名成员偶然间发现。在十年时间里，这个家族将能够搬运的珍宝洗劫一空，直到政府对他们产生怀疑，他们被迫说出了陵墓的具体方位。这座陵墓埋葬了五十多具木乃伊，包括新王国三个王朝的皇室成员的木乃伊，而塞格嫩拉・塔阿木乃伊就是其中的一具，此外墓中还有 6000 余件随葬品。我们对第十七王朝的君王之间的亲缘关系所知甚少，但安特夫六世（Antef Ⅵ）和安特夫七世（Antef Ⅶ）是兄弟，而且他们很可能是索贝克姆萨夫一世（Sobekemsaf Ⅰ^er）之子。第十七王朝之所以能够出现，完全有赖于第十三王朝这个孟菲斯政权最后的传承，当时其定都伊奇塔威，它成为底比斯地区面临喜克索斯人攻击压力的缓冲带。这使得唯一的权力机构能够稍做喘息，以等到底比斯安定下来，最终铲除了第十六王朝的国王们。

这种地理上的隔绝还带来了创新。例如，底比斯人使用了新型的人性棺椁，并装饰有羽毛图案。同时，《亡灵书》也开始出现。《亡灵书》承袭了石棺文，由于无法回到孟菲斯查阅保存在孟菲斯档案中的宗教文献，而底比斯宗教中心便以此作为回应。由于丧葬仪式需要精确完成，因此需要有一位诵读祭司在现场背诵仪式进行时的咒文。底比斯人决定编写新的咒文，但以防出错他们没有冒险增加新的内容，因此凭借记忆默写出了遗失的咒文。

这一切都发生在第十六王朝以及第十七王朝前六十多年时间，直至塞格嫩拉·塔阿登上王位，这位君主开启了将喜克索斯人“逐出”埃及的最后一个阶段。

努比亚王国

在底比斯第十六王朝这段风雨飘摇的时期，努比亚库施王国受到下努比亚地区埃及兵力的军事压制。但由于第十三王朝末期王室影响力过弱，远离权力中心的埃及士兵最终投靠了最近的政权即库施国王。埃及的南方边境再次南移并回到了象岛（阿斯旺），这也解释了为何尼罗河最北端地区存在和努比亚人的贸易往来关系。

实际上，第十三王朝想要寻找奢侈品，希望能够继续存续，而库施方面则需要出口产品。孟菲斯政权和库施政府利用沙漠和绿洲达成一致，继续保持贸易通道开放。到喜克索斯第十五王朝最终彻底控制整个北方地区时，这一政权继承了与努比亚的贸易关系。这时，底比斯政权发现，它不仅在两个体量与其相差不大的政权夹缝中生存，而且还失去了重要的收入来源。这种情况一直持续到底比斯第十七王朝，

《亡灵书》和丧葬仪式

冥界往生的普世化在新王国时期达到鼎盛。石棺文最终演变为《亡灵书》，在埃及被称为《白昼行走》（*Livre pour sortir au jour*）。除已知的咒文外，还加入了许多其他内容以及谜语，为死者指点如何来到真理大厅，来到神明奥西里斯面前接受审判。

这些咒文始于第十七王朝，直至托勒密时代仍在使用。亡灵“书”由抄写员负责誊写，咒文不经改动，而只对死者姓名进行修改。尽管《亡灵书》通常写在莎草纸上，但是有些章节应写在其他载体上，尤其是第六章一般写在乌舍布提斯（oushebtis）上，或第三十章应刻在被称为“圣甲虫”的护身符上。这些咒语能够帮助死者避开阴间的危险，安稳地来到灵魂称量室。如果没有这些最基本的咒语，死者就会失去获得永生的机会。

插图 第二十一王朝残片，现藏于都灵古埃及博物馆。

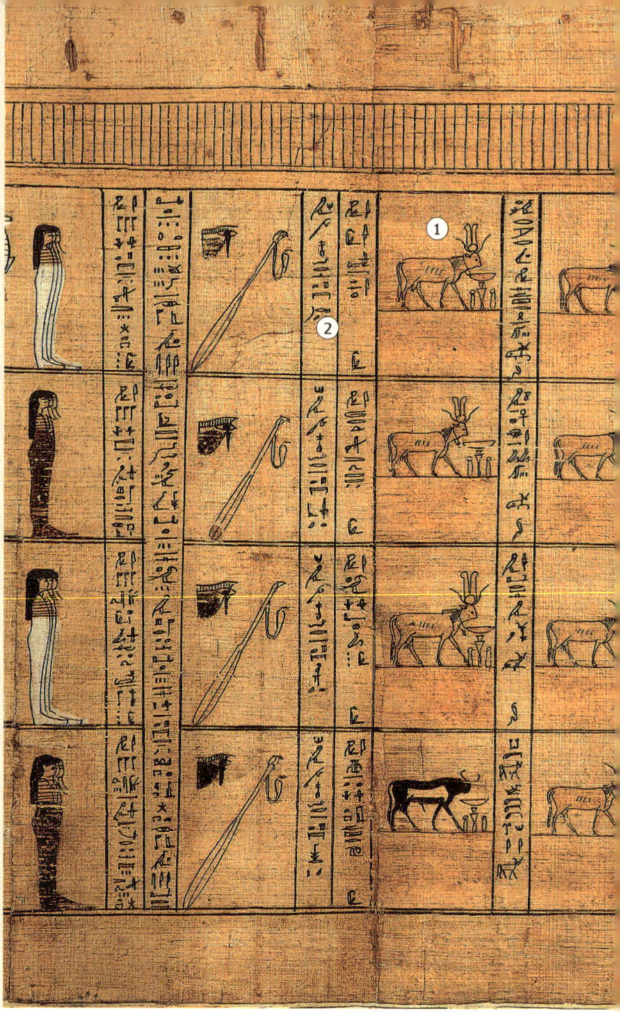

凯尔迈石碑

凯尔迈文化在努比亚不断发展。这些雇佣兵极善弓箭，如石碑所示。现藏于苏丹国家博物馆。

这时唯利是图的努比亚人被视为百发百中的弓弩手，他们带着非洲撒哈拉沙漠以南地区的产品来到了底比斯。

在这一时期，努比亚地区是一个文化上十分复杂的区域。它保留了泛墓文化的遗迹，保留了沙漠游侠，如麦察德游侠在新王国时期成为法老的卫兵。在上埃及地区定居的被埃及人称为库施王国的范围内，还发现了土著文化和克尔马文化的痕迹。在很长的时间里，克尔马王国（都城的名称）一直都是埃及强有力的对手。到

❶ **保护神**　太阳在夜间行走时，死者陪在神明拉身边。在夜晚，死者会遇到许多神明，如七天牛和圣公牛（黑色）。

❷ **圣书字**　象形文字可以横写也可以竖写，但《亡灵书》一般采用竖写的方式。抄写员在莎草纸上使用简化的符号竖写，这种符号被称为“圣书字”，从右向左读写。

❸ **僧侣书**　《亡灵书》有时既有横写又有竖写的文字。抄写员横写时使用僧侣书字体，这种字体书写起来更快，但不甚清楚。咒文大篇幅复制，只改变逝者姓名，注明“奥西里斯+过世者姓名+已证明无罪”。

❹ **葬礼神明**　在说明文字的缩略图上，我们可以看到与冥界相关的不同神明。尽管奥西里斯最著名，但是女神哈托尔或西方的女主人似乎是死者在冥界的主要守护神。

❺ **奥西里斯证明无罪**　死者想要获得永生，需要在神明面前做自我介绍。注明“证明无罪”意味着这是一位正直的人，已经通过了灵魂审判。

插图　这张第二十一王朝的莎草纸显示死者是一位女性，现藏于都灵古埃及博物馆。

第十八王朝最铁腕的法老，历经三次鏖战，使用针对游侠的武器终于直捣黄龙，踏平了克尔马都城。

喜克索斯人首尝败绩

底比斯人在最早的冲突中取得了胜利，这些后来被称为“针对喜克索斯人的解放战争”的冲突规模实际并不大，冲突前后各方势力都保持了和平状态，这也反映出在第二中间期喜克索斯人和底比斯人之间的关系。第十九王朝末期的萨利耶

第十七王朝法老（底比斯）

公元前1580年—公元前1550年

拉霍特普（Rahotep）
索贝克姆萨夫一世（Sobekemsaf Ier）
安特夫六世塞凯姆拉·乌埃普马阿特（Antef Ⅵ Sekhemrê Ouepmaât）
安特夫七世内弗尔凯佩鲁（Antef Ⅶ Néferkhéperou）
安特夫八世塞凯姆拉·埃鲁赫尔马阿特（Antef Ⅷ Sekhemrê Hérouhermaât）
索贝克姆萨夫二世（Sobekemsaf Ⅱ）
西阿蒙·内杰尔赫派拉（Siamon Netjerkheperrê）
塞格嫩拉·塔阿（Séqénenrê Taâ）
卡莫西斯·瓦吉赫派拉（Kamôsis Ouadjkhéperrê）

一世（Sallier Ⅰ^{er}）纸莎草，讲述了第一次进攻的导火索是一件不起眼的小事，而这个题为《阿波菲斯与塞格嫩拉之争》（*La Dispute entre Apophis et Séqénenrê*）的故事十分神奇。阿波菲斯是北方地区喜克索斯王，在他的统治之下人民生活在水深火热之中，而南方城市的亲王塞格嫩拉（Séqénenrê）是上埃及的统治者。一天，阿波菲斯想要挑起争端，便召集幕僚向南方派出使者：他勒令塞格嫩拉赶走他池塘里的河马，因为河马的叫声吵得他难以入眠。塞格嫩拉回绝了阿波菲斯，并说这是他应该的（纸莎草中有残损，此处内容已佚失），同时他也召集幕僚制订了更强有力的回击计划，而不仅仅是寥寥数语。这次信函交换的结果以爆发冲突告终，并记录在底比斯法老的木乃伊上。

很明显，法老似乎并不是躲在幕后让自己的士兵双手沾满鲜血的类型，因为他的木乃伊显示他生前身体多处受伤，有些伤属于致命伤。除了身体受伤之外，似乎尸身在涂香膏和摘除内脏时都有些潦草，似乎在他们被击败之后埃及人只有捡回尸身的时间，然后就急急忙忙回到了底比斯。木乃伊上最令人惊骇的损伤位于头部。第一处伤口正中耳后，是匕首造成的伤口，当这处伤口刚刚愈合，国王就又遭一击。在第一次冲突之后，埃及人战败，他们似乎回到兵营稍做休整之后又向喜克索斯大军发起了新一次的进攻。目前没有关于这场战斗的资料，可能埃及人赢得了战斗的胜利，但失去了他们的法老。战斗结束后，塞格嫩拉命丧黄泉，面部被狼牙棒打中一次甚至多次，导致损毁严重，而前额被巴勒斯坦典型武器斧子砍中，留下了致命一击。

在塞格嫩拉身后即位的底比斯君主卡莫西斯（Kamôsis）继续作战，这令人猜测他们是兄弟。卡莫西斯在位时间仅有五年，但记载他统治的多块巨大纪念碑却成为埃及史上最著名的纪念碑。这些纪念碑矗立在卡纳克阿蒙神庙中，记载了他登基第三年取得的胜利，正是在这一次底比斯人彻底战胜了喜克索斯人。

然而，在与喜克索斯人决战之前，卡莫西斯先征讨了努比亚人，为的是对自身的实力有所了解，并且测试己方军队的作战能力。此外，卡莫西斯认为努比亚与埃及很近，而且也不希望在他与喜克索斯人作战时后方有人虎视眈眈。在接近第二瀑布的地区，有些岩刻铭文表明了这次具有准备性质的战斗最终取得了胜利，并且收复了布衡。

两块卡纳克石碑

关于底比斯人战胜喜克索斯人的记述出现在两份特殊的文献中，那就是卡莫西斯石碑。这两块石碑发现于卡纳克阿蒙神庙，记述了底比斯人与喜克索斯国王阿波菲斯军队的战斗和胜利，但记述中没提到是否攻占了喜克索斯都城。

卡纳克石碑中的第一块石碑保存在卡那封书版上，上面为象形文字。石碑讲述了卡莫西斯早已无法忍受眼看着自己的国土将被一分为三，其中底比斯居中，北部受到喜克索斯人的压制，南部受到努比亚人掣肘。因此，卡莫西斯决心要推翻喜克索斯人的“暴政”。在努比亚弓箭手和麦察德游侠的助力之下，卡莫西斯的军队向北进军，在尼弗鲁西（Néfrousy）攻克了敌人的盟友特提（Téti），这是从阿波菲斯统治下的喜克索斯人手中夺回的第一块领土。这场胜利终结了对立的第一阶段。第一块石碑的记述也就到此为止了。

战胜特提的意义之大似乎远超我们的想象，因为卡纳克第二块石碑中讲述了这场胜利导致阿波菲斯率军向北败走撤退。敌人的失利和溃败究竟程度如何，如今已经难以估量，因为这些记述都是胜利的一方写下的颂词。可惜，喜克索斯对这场战争的描述可能已经被胜利者彻底摧毁，而胜利的一方总希望自己的叙述代表着真正的历史。

得胜之后的卡莫西斯备受鼓舞，秣马厉兵，开始了一系列对北方的战斗。底比斯军队乘船很快直抵喜克索斯都城阿瓦里斯城门，但没有人知道究竟出于何种原因，法老并未攻入都城。卡莫西斯退回到底比斯，下令在这里建石碑，记述与喜克索斯人争斗的来龙去脉。文中曾提及底比斯人想要将阿瓦里斯夷为平地，但并没有明确记述已经攻占了都城。因为，如果真的攻占了都城，那么文中一定会如实记载。同

卡莫西斯石碑 卡莫西斯石碑记述了埃及君王卡莫西斯和喜克索斯王阿波菲斯之争，石碑出土于卡纳克阿蒙神庙。第一块残片出土于第三方柱内部。第二块石碑（如图所示）几近完好，位于拉美西斯二世雕像脚部。现藏于卢克索博物馆。

卡莫西斯石棺（第 195 页） 卡莫西斯是在进攻阿瓦里斯时死亡的统治者。这座石棺发现于德拉阿布–纳迦 (Dra Abou el-Naga) 山脚下的一座坟墓中，现藏于开罗埃及博物馆。

古埃及数学和测量

在阶级明显的社会中，税收是一项重要活动，因此数学知识至关重要。抄写员除了掌握文字之外，还需要具有很高的数学水平。埃及人已经掌握了加减乘除算法，除此之外他们还会计算分数。莱茵德纸莎草上写有许多数学问题，尤其是带有一个未知数的等式解法。至于埃及人的测量系统，长度的主要单位是钦定腕尺，相当于52.3厘米。抄写员必须丈量田地，计算产量并推算税款。面积的基本单位是塞塔特（setat），在希腊时代称之为阿罗拉（arura[aroure]），对应每边边长100腕尺的正方形。为了计算啤酒或葡萄酒等液体的量，使用的单位是赫因（hin），相当于不到半升。估计货物重量时，使用的单位为德本（deben），即91克，而这个测量值在历史上有所变化。最后，单位沙特（shat）为半德本。

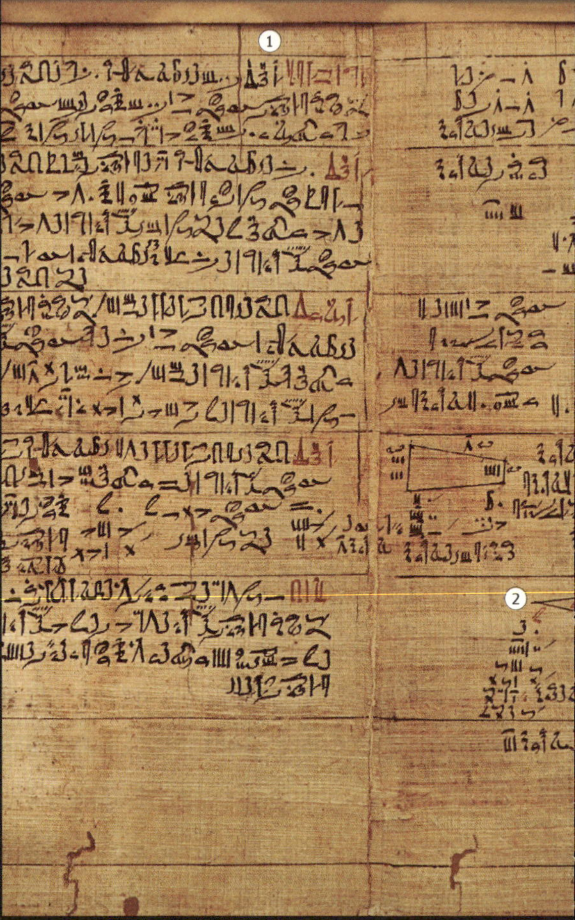

迈纳（Menna）陵的抄写员

抄写员是负责评估谷物计算税金的官员。想要成为一名出色的抄写员，除了文字外，还必须掌握数学知识。

❶ **莱茵德纸莎草**

这份文件现藏于伦敦大英博物馆，抄录于喜克索斯时代，而内容真正的时代是中王国时期。其内容使用黑色和红色僧侣文书写。

❷ **三角函数**

纸莎草上共有84个数学问题，包括三角函数计算。最常使用的图形为三角形。

❸ **面积**

纸莎草上提出了圆和方块面积的比较问题，如图可见。

❹ **玛雅尺**

在图坦卡蒙大臣玛雅（Mâya）的个人物品中，有一把带有掌尺和指尺刻度的钦定腕尺长度的尺子。

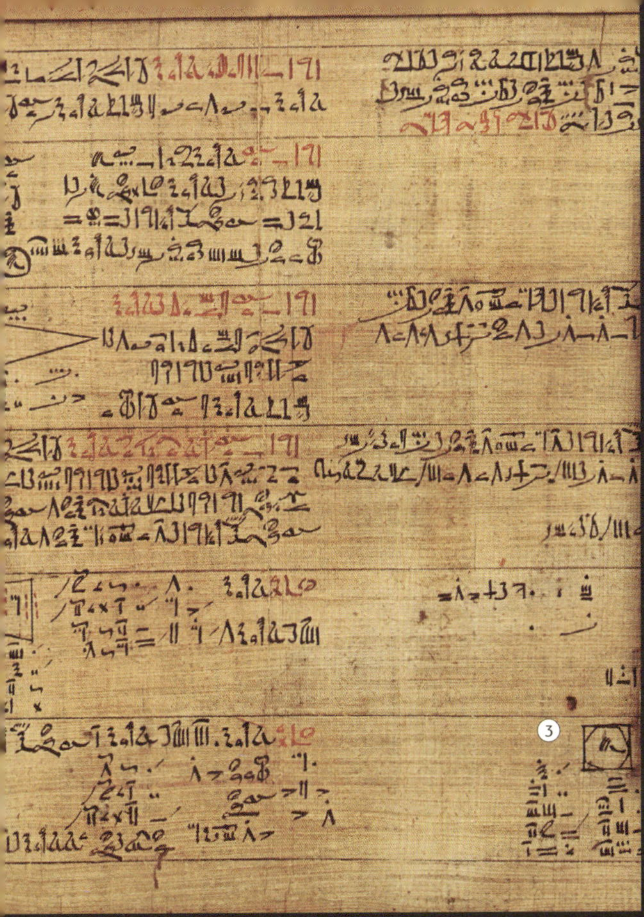

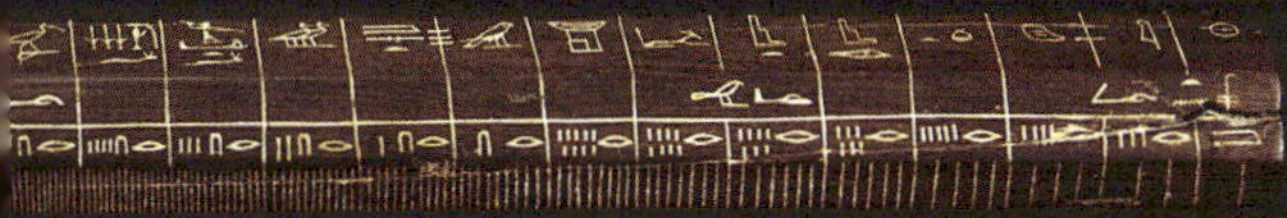

长度单位

埃及人主要使用的长度单位为腕尺，钦定腕尺或普通腕尺（更短）。它是基本长度单位，在它之下还有更小的长度单位。

埃及人只在解决建筑问题和农业测量时运用数学知识，因此他们在数学领域造诣并不高。然而，在长度测量方面，他们的测量体系是十分精确的，因此面积计算也十分精确。

钦定腕尺是指肘部和伸长的手指指尖之间的距离，长为 0.523 米。记为：

 或 

建筑师使用的是小腕尺（或短腕尺），相当于 6 掌尺或 24 指尺。掌尺相当于钦定腕尺的七分之一。有三种记录方法：

指尺相当于钦定腕尺的二十分之一，记为：

100 腕尺称为杆，记为：

符号奈比（nebi）相当于 1.5 腕尺，记为：

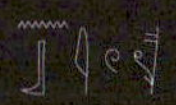

更大的长度被称为伊特鲁（iterou，20 000 腕尺，10.5 公里），在象形文字中记为：

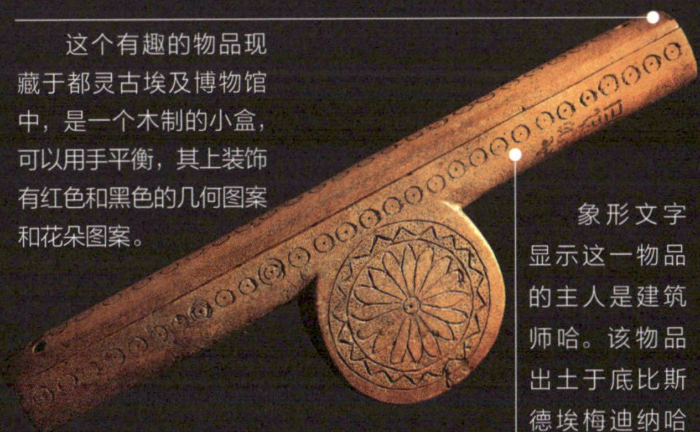

这个有趣的物品现藏于都灵古埃及博物馆中，是一个木制的小盒，可以用手平衡，其上装饰有红色和黑色的几何图案和花朵图案。

象形文字显示这一物品的主人是建筑师哈。该物品出土于底比斯德埃梅迪纳哈（Deir el-Medineh）陵墓内。

方形雕像：古埃及特有的艺术

自中王国时期开始，艺术类型学中又增添了一名新成员，那就是方形雕像，其得名于雕像的形状。最初，这种雕像是一个方块上雕出一个人头，双手在下巴下方交叉。有些埃及学者认为，这种雕像表现的是冥界之神奥西里斯。

自中王国时期，奥西里斯崇拜开始变得愈加重要。如同奥西里斯在冥界复活一样，埃及人希望自己能够在冥界重获生命。因此，这种表现形式令人不禁想到人头从土丘中伸出的情景。受献者往往是男性，造型保持坐姿，双腿在下巴下方交叠，双臂交叉放置在膝盖上方。披风罩在整个造型外部，有时会有手或脚从披风中伸出，雕像整体为正方体形状，因此这种雕像被称为方形雕像。在这种情况下，它们是一个特定的人献给神明的还原雕像。

插图 第十二王朝石灰石方形雕像，现藏于巴黎卢浮宫。

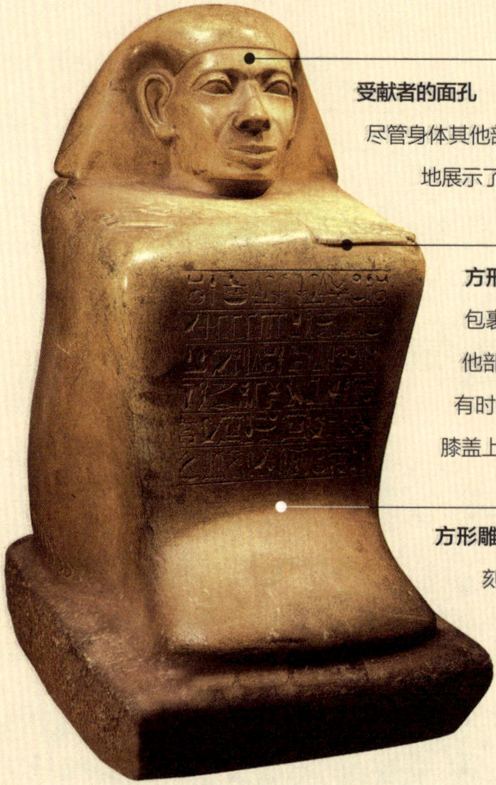

受献者的面孔 这种雕像部分展示了重要人物的肖像。尽管身体其他部分没有经过详细雕刻，但是脸部清晰地展示了个体的形象，通常为高官或祭司。

方形雕像的衣着穿戴 从脖颈以下，雕像包裹在披风之下，基本遮盖了身体所有其他部位。一般造型为方块上有一个人偶，有时会露出手部或显露出双臂交叉放置在膝盖上。

方形雕像的身体 祭品咒文以及亡灵咒文铭刻在雕像上。此外，定制雕像人的姓名和身份，有时还有献给神明的献词都雕刻在雕像上。

时，文中列出的大量战利品，可能是洗劫周围城市的结果。

迫于埃及方面的压力，阿波菲斯决定寻求盟军支持，必须挫败底比斯亲王的锐气，因为这位亲王对于尼罗河谷地区已经实现的平衡而言是一个巨大的威胁。喜克索斯国王修书一封，遣使者取道沙漠之路，拜见库什王国的努比亚君王。在信中，阿波菲斯向这位努比亚君王描述了底比斯人在其国土上肆意行凶，与不久前努比亚人的境遇如出一辙。陈述战争形势之后，国王阿波菲斯试图说服努比亚人向北发起突袭。这样，底比斯人忙于与喜克索斯人缠斗而无暇顾及后方，突袭之后便会处于腹背受敌之境。我们永远也无法得知努比亚君王是否会接受阿波菲斯的建议，因为信使遭到了埃及人的拦截。信中的内容是清楚的，因为卡莫西斯毫不犹豫地将整封信抄录在第二块卡纳克石碑上，其中可能略做修改——这样才能更符合他的宣传目的。信使被抓，意味着卡莫西斯早就知晓“绿洲之路”的重要性和危险性。深谋远虑的卡莫西斯早就想到了这个问题，避免己方一直对后方兵力薄弱而忧心忡忡，而拦截信使也证明了他之前的忧虑不无道理。

尽管卡莫西斯没有实现他的终极目标，但他是在取得大捷之后才回到底比斯的，并得到了人民的欢呼和神明的祝福。也许卡莫西斯将自己的胜利归功于一位特殊的神祇，因为他是第一位在自己的名字中提及月神的法老，而没有使用拉或阿蒙。卡莫西斯，“（月之）公牛出世”（第十七王朝），在他之后还有阿莫西斯（Amôsis）——“月之子”（第十八王朝），以及图特摩西斯（Thoutmôsis）——“月之生”（第十八王朝）。但是，卡莫西斯享受胜利的时间并不长久，因为在这之后不久文献中就再难寻觅他的名字。总而言之，终结了喜克索斯人在埃及的统治并实现了国家再次统一的并非卡莫西斯。实际上，直到阿莫西斯一世上台后，战争才终于告一段落，他是卡莫西斯的兄弟或者侄子。

驱逐喜克索斯人

尽管将喜克索斯人逐出埃及在精神统治方面具有重要意义，但是没有任何王国的直接文献得以保存下来。实际上，我们对于驱逐喜克索斯人的整个过程的前因后果知之甚少，根据一些资料显示，大约在阿莫西斯登基后第四年和第十五年之间，

伊阿霍特普胸饰

伊阿霍特普王后是第十七王朝君王塞格嫩拉·塔阿（Séqénenrê Taâ）的女儿，是新王朝第一位法老阿莫西斯的母亲。

这枚胸饰是在伊阿霍特普王后的陵墓中发现的，上面装饰有金子和宝石，胸饰内部是神明阿蒙和荷鲁斯在阿莫西斯加冕礼上为他洗净。现藏于开罗埃及博物馆。

突然成功地将喜克索斯人逐出到境外。然而，一位亲历者——阿梅斯（Ahmès）的记述保留至今。

阿梅斯是阿巴纳（Abana）之子，阿巴纳曾参加过塞格嫩拉统率的多场战役。阿梅斯子承父业担任船长，被派遣到北部地区，投入到针对阿瓦里斯发起的进攻中。战场上，阿梅斯一路步行跟着君王，而君王则一直坐在战车上，围攻喜克索斯人的都城。在随后的陆战和海战中，阿梅斯证明了自身的价值：他带回了许多只手（埃及人会砍下敌人的手或阴茎记录战斗中战死的敌人数量），还砍掉了一个男人和三个女人的头。因此，阿梅斯获得了“奖励的金子”。

攻下喜克索斯都城后，国王阿莫西斯决定继续追击喜克索斯人，直到迦南地区的边界，并在此处的沙如罕（Sharouhen）围城三年。然而，阿莫西斯手下这位军官阿梅斯·珀奈克贝（Ahmès Pennekhbet）的自传中显示出对喜克索斯人的驱赶到此为止，称埃及军队一直行至北方腓尼基地区的边界。喜克索斯人终于被彻底逐出埃及，自此埃及历史掀开了新的一页——新王国，这一时期的缔造者便是十八王朝的阿莫西斯。

档案：埃及神庙

法老时期的埃及崇拜的神明超过 1500 位，几乎所有神明都是从前王朝时期的地方神发展起来的。

古埃及大部分神明最初都是地方神，随着国家政治和经济发展，这些神明逐渐在尼罗河谷全境闻名。因此，鹰神荷鲁斯在埃及不同地区受到崇拜。最终，荷鲁斯被同化为唯一的神祇，作为希拉康波里斯（Hiéraconpolis）的守护神，并与王室统治紧密相连。希拉康波里斯促成了埃及全境的统一。法老君主制确立后，某些神变得越来越重要。在这一过程中，这些神开始拥有了其他神明的特征和个性，其中最明显的就是奥西里斯。奥西里斯原本是植物神，后来逐渐演变成冥神。奥西里斯吸收了其他诸神的特征，如阿拜多斯的亨塔曼提乌（Khentamentiou），后者成为奥西里斯的主要称呼之一。一个民族获得了极大的繁荣后，那它的守护神就会成为整个国家的神，它的宇宙起源说就会得到所有人认可。布塔（Ptah）就属于这种情况，当他的城市孟菲斯成为都城时，他也成了全国的神祇。阿蒙的情况也与此类似，直到中王国时期他还是上埃及的一个寂寂无闻的神，但在成为第十二王朝国王一脉的守护神后，便获得了该地区其他神祇（如敏、孟图）的特征，成为整个法老君主制的守护神。为了进一步提升阿蒙神的力量，他的祭司职与拉的神职人员合二为一，最终成为阿蒙-拉。同时，将几位神祇变成一个更大的神是埃及人非常普遍的做法。

在埃及，“神明”一词的发音类似于奈谢尔（netcher），在象形文字中的符号是一根桅杆，末端带有一面飘扬的旗帜，意指远离人类世界生活的生物。

拉——太阳神（左侧） 第二十二王朝塔佩莱夫人（la dame Tapéret Tapéret）碑上，太阳神拉射出莲花状的光线。现藏于巴黎卢浮宫。

冥界主宰

奥西里斯被认为是众神之王，他是埃及万神殿中最受崇敬的神祇之一。作为神界主宰，奥西里斯头顶戴有制作精良的头冠，手持权杖和链锤，多表现为绿色皮肤（农神）或黑色皮肤（象征着因泛滥而使土地肥沃的河泥）。奥西里斯的身体包裹在白袍之下，白袍贴肤，有如木乃伊的绷带，因此在众神之中很容易辨识出这位冥界之神。埃及人离世后，便会穿戴成奥西里斯的样子，而真正的奥西里斯则将在真理大厅（或双玛特之室）对亡者进行审判。

插图 国王谷哈伦海布（Horemhe）墓（第十八王朝）。

伊西斯——魔法师和伟大的王后

根据赫里奥波利斯神系创世说，盖布（Geb）和努特（Nout）生下了四个神祇，两男两女，兄妹两两结为夫妇。奥西里斯和伊西斯成为神界之王和王后，而塞特和奈芙蒂斯（Nephtys）也结为夫妇。但是，塞特对哥哥奥西里斯无比嫉妒，便偷偷暗杀了他并篡夺王位。哥哥奥西里斯的尸体被投入尼罗河，顺流漂到了三角洲地区，被一棵倒进河中的大树拦住。奥西里斯的妻子伊西斯顺流寻找尸体，想要让他入土为安，找到之后把他的尸体藏在了一片长满纸莎草的湿地。就在伊西斯去寻找帮手时，塞特偷偷移动了尸体，并把尸体分解成十四块丢在了埃及的不同地点。伊西斯绝望地带着妹妹奈芙蒂斯遍寻各地，却只找到了十三块尸块，因为塞特把奥西里斯的阴茎丢入了尼罗河中，被鱼儿吞吃了。伊西斯用黏土做了一根假的，使奥西里斯死而复生，还与她生下了一个儿子——这个儿子就是荷鲁斯。这一英勇的行为证明了伊西斯祈祷灵验，她被认为是最伟大的魔法师，能行神迹，尤其是能治愈野兽撕咬之伤，还能保护儿童。伊西斯的名字意为“王位”或“王座”，头饰就是一个宝座。正因为如此，伊西斯也是君主的守护神之一。与此同时，伊西斯和妹妹奈芙蒂斯都被视为哭泣之神。在陵墓中，伊西斯经常被表现为伏在死者棺椁旁因痛失死者而洒下热泪的形象。

插图 伊西斯伏在奈斯帕卡舒蒂（Nes-Paka-Shuty）的石棺旁，奈斯帕卡舒蒂是第二十五王朝的祭司。现藏于卢克索博物馆。

神明因此可以通过使用赫卡（heka）即魔力四处行走，赫卡就是发挥作用的卡（ka，每个神的生命力）。卡是构成人类的五大元素之一（其他四大元素是巴、影子、名字和身体）的一个组成部分，人类也有卡。为了让死者在冥界复活，那么神明必须食用卡，因此需要每日向死者进行供奉。当然，神明的卡的力量要远远大于人类的卡的力量。由于人类也有卡，因此人类才能在神明的世界中行走，只是会受到诸多限制。这解释了为什么会出现魔术师，以及为什么医学中能够看到魔法。

诸神的外表

诸神有一些相同的身体特征。例如，他们都是金皮银骨，所以他们的皮肤是金的，他们的骨头是银的，他们的头发是青金色的。这似乎还不够，埃及人认为神明们能够散发出令人陶醉的香气。在人的形态下，神明的美无与伦比。说到神明的美，神明常被描绘成人身动物头的样子，而这看似矛盾，其实并非如此。埃及人并不崇拜动物本身，他们不崇拜公羊或者蛇，实际上他们认为每种动物身上都有一些属于神祇的特征，因此想象这些动物是神祇的化身。埃及的神明还有一个独特之处，那就是信徒们几乎看不到他们。法老是唯一能与神明建立联系的人，是诸神世界和人类世界之间的特殊媒介。然而，即使是法老也不可能同时出现在埃及的所有神庙中，所以法老将日常敬奉工作交给多名祭司打点。在古王国和中王国时期，祭司们由君王任命，轮流任职。直到新王国时期，祭司才开始成为一项全职的职务。每座神庙中只有大祭司才有权进入圣所，负责相关神祇雕像的日常祭拜：打开内中堂，清洗神像，为神像着衣、化装，向神明供奉祭品，再将神像放回内中堂。普通人连神府第一院都无权穿行，人们只有在游行时才能看到众神。

神庙

埃及神庙除了在字面上看是指众神的居所之外，它还是埃及有序世界的象征。入口处是两座塔门，塔门是巨大的梯形石质支柱，代表着地平线，由一道门隔开。因此，每次大祭司进入神庙走向圣殿时，都会想到太阳划过苍穹的路线。然后，进

典型神庙 拉美西斯神庙是拉美西斯二世（Ramsès Ⅱ，第十九王朝）在底比斯建造的纪念神庙，其结构尊重埃及的宗教教规，发现于公元前1世纪。

入一座庭院，庭院是带有廊柱的开放院落，这是普通人可以进入的最深的位置。庭院后面是柱厅，里面矗立的柱子象征着泛滥后重生的植被，大部分祭司都可以进入这一区域。继续向前则是圣殿，神像就放置在内中堂里，所谓内中堂是木门封闭的石龛。原则上说，只有大祭司和法老才可以接近神明。从庭院向圣殿方向，雕饰星辰的天花板逐渐走低，地面轻微向上倾斜，如此一来，内中堂就象征了世界诞生的原始山丘，创世的神明就生活在这里。

当然，虽然高高在上的神明遥不可及，但是法老的臣子们可以求助于离他们更近的神。这些神明没有自己的庙宇，可以供奉在山上的神龛中，也可以用绳子系着戴在脖子上，就像护身符一样。随着时间的流逝，为了更接近人类的伟大神明，人们在某些神庙围墙的外面雕刻出耳朵的形状，尽可能地靠近深藏不露的神明。虽然信徒无法见到神明，但可以用这种方法偷偷地向神明倾诉自己的烦恼。同样，为了能够和信徒互动，神明在游行中可以倾听普通人的问题，并通过鞠躬进行答复。

宇宙起源

埃及宗教在祭司书写的宇宙论中有一个有趣的细节，即每位主要的神祇都创造了世界。这一观点也许在我们线性思维的人看来很奇怪，但埃及人却并没有觉得这有什么问题，因为他们用专家们所称的“多重方式”面对这个世界。实际上，这些关于创世的故事都有一些共同元素，在一片被称为努恩（Noun）的幽暗无形的水生混沌中，一座山丘猛然出现，神明站在山丘之上，用各自的方法创建了世界和世上所有东西。

埃及有四个主要的宇宙起源说：赫里奥波利斯神系（héliopolitaine）、赫尔莫波利斯神系（hermopolitaine）、孟菲斯神系（memphite）和底比斯神系（thébaine）。这四大神系皆由各自的神明统治。在赫里奥波利斯城（太阳城），祖神是阿图姆（Atoum），他创造了一座山丘，赫里奥波利斯神系九柱神（ennéade）就此出现（阿图姆、休 [Chou]、泰芙努特 [Tefnout]、盖布、努特、奥西里斯、伊西斯、塞特和奈芙蒂斯），有时被认为是一个神。在埃及中部的赫尔莫波利斯，创世者是四位蛙头神和四位蛇头女神，他们构成了八元神（ogdoade）。在孟菲斯地区，人们则认为世界是由工匠神布塔（Ptah）创造的。最后，在底比斯，根据第十二王朝的底比斯僧侣为阿蒙神这个古老的寂寂无闻的前小神而创作的文本，创世的主角只能是阿蒙神。

清点牲畜

阿蒙 自第十二王朝始，阿蒙神成为法老的守护神，常以公羊或鹅的形象示人。阿蒙神是卡纳克的主宰，与妻子穆特（Mout）、儿子孔苏（Khonsou）并称三柱神。阿蒙神是位秘不示人的神祇。

阿努比斯（Anubis） 豺狼神，木乃伊之王，在奥西里斯取代他之前埃及的主要丧葬之神。作为墓地的守护者，阿努比斯还负责引导死者进入冥界，将他们带到奥西里斯面前。

阿顿（Aton） 他的形象是日盘，是一位在图特摩斯四世（Thout-môsis Ⅳ）时期变得声名显赫的神祇。在阿肯那顿（Akhénaton，又译埃赫纳顿）统治期间，阿顿成为王朝的守护神，同时阿肯那顿禁止民众崇拜其他神。

阿图姆 阿图姆是赫里奥波利斯的创世神，他通过自渎或吐痰的方法在原始山丘上制造了休和泰芙努特。阿图姆是“宇宙之主”，是“暮之太阳神”。

贝斯（Bés） 这位神祇双颊丰满，胡子浓密，总以正面示人，身上常背佩剑或携带刀具。他是产妇的保护神，托荷艾瑞斯（Thouéris）的男伴。

休 阿图姆之子，妹妹泰芙努特的丈夫，他是空气、光明和风神。他是创世神阿图姆刚出现在原始山丘上创造的第一位神，他经常展示为人的形象，头上戴着一根鸵鸟羽毛。

盖布 大地之神，休和泰芙努特之子。盖布常为人形，应该是赫里奥波利斯神系其他几位

哈托尔

荷鲁斯

神祇努特、奥西里斯、伊西斯、塞特和奈芙蒂斯的父亲。

哈碧（Hâpi） 他是尼罗河良性泛滥的象征，将秘不示人的神祇从山洞中释放出来。他的形象是一个乳房下垂的肥胖男人，象征着土地肥沃。

哈托尔 全能女神、爱神、酒神、音乐神、性神、幸福之神等。她是非常古老的神，与王权紧密相连，因为她的名字意为“荷鲁斯的家”。她有时作为太阳神拉的女儿出现，有时表现为奶牛的形象。

荷鲁斯 鹰神，奥西里斯之子，法老神性的化身，协助登基的法老确保王威。希拉康波里的守护神。

伊西斯 奥西里斯的妻子，荷鲁斯的母亲，是完美的母亲和妻子的化身。伊西斯经过重重困难找回并安葬了被杀死的丈夫奥西里斯的尸身，保护儿子荷鲁斯免遭厄难。她是一位非常有智慧的魔法师。

敏 丰饶之神，总是表现为勃起（阳亢）的形象。对这位古老的神的崇拜要追溯至前王朝时期，他的一部分属性后来与阿蒙神同化。

奈荷贝特（Nekhbet） 秃鹫女神，她本是卡布地区的神祇，是上埃及的守护神。她与眼镜蛇女神瓦吉特一同保护化身为法老的国家，免受所有邪恶的侵害。

奈芙蒂斯 盖布和努特的女儿，塞特的妻子。她陪着姐姐伊西斯寻找奥西里斯被肢解的尸块，和塞尔克特、奈斯以及伊西斯一样是死者棺椁的守护者。

努特 天空女神，她是休和泰芙努特的女儿，哥哥盖布的妻子。虽然被迫与丈夫分开，无法与他有任何肉体接触，但她还是成功怀孕并生下了奥西里斯、伊西斯、塞特、奈芙蒂斯和哈洛里斯（Haroéris）。

塞特

托特

奥西里斯 死者之神，冥王。他是盖布和努特的儿子，妹妹伊西斯的丈夫，荷鲁斯的父亲。他弟弟塞特想要篡夺王位，便把他杀害了，并将他的尸块抛撒在全国各地。

瓦吉特 蛇女神，她是下埃及的守护神，本是布托地区的神祇。她和奈荷贝特守护着国家、尼罗河和君王，是圣蛇乌赖乌斯（uraeus）的一个形态。

布塔 创世神、孟菲斯之王。他是工匠神，不使用任何工具地创造世界，只要在心中想着一个东西并说出它的名称就会出现。

拉 太阳神，他是埃及法老时期最重要的神。他是鼎盛时期的太阳，正午的太阳，最常见的形象是鹰首人身，头顶上有一日盘。

塞特 盖布和努特之子，他娶了自己的妹妹奈芙蒂斯并谋杀了他的哥哥奥西里斯，是绝对的邪恶和混乱的化身。塞特看起来像一只奇怪的犬科动物，鼻子弯曲，耳朵笔直，尾巴分叉。

索贝克（Sobek） 鳄鱼神。这位尼罗河的居民给人带来巨大的危险，所以成了一位重要的神明，并很快与太阳神融合成为索贝克-拉。

塔乌瑞特（Taousert） 融合了多种元素的女神，她拥有怀孕的河马的躯干，女性的乳房，鳄鱼的尾巴和狮子的利爪。她负责保护孕妇，以及生产时产妇和婴儿的安全。

泰芙努特 一直以来被解释为湿气之神，但她更可能代表的是太阳的热量。她是阿图姆的女儿，嫁给了她的哥哥休。她也是盖布和努特的母亲。

托特 月神和智慧神，赫尔莫波利斯之王。他具有鹮鸟的元素，非常易于识别，常见的形象是鸟头人身。他常常被认为是诸神的抄写员。

附　录

古王国和中王国时期的埃及 214

对照年表：古埃及、近东地区和其他文明 216

王朝年表 218

塔尼斯大斯芬克斯像（左侧）　花岗岩雕像，高1.83米，完成于古王国时期，大约为公元前2600年。现藏于巴黎卢浮宫。

古王国和中王国时期的埃及

尼罗河三角洲
放大区域
埃及
放大区域
梅特里斯
布托
迪奥斯波利斯
帕尔瓦
卡夫拉·多瓦
索伊斯
赫尔莫波利斯
帕尔瓦
曼苏拉
赛斯
塞本尼托斯
孟戴斯
塔尼斯
佩吕斯
马哈拉－库布拉
布西里斯
思穆伊斯
诺克拉提斯
希勒
萨姆巴特
达夫内
阿皮斯
皮拉姆塞
坦塔
阿瓦里斯
莱昂托波利斯
布巴斯提斯
赫隆波利斯
（皮托姆）
阿特里比斯
本哈
佩尔－索普杜
比尔贝斯
麦里姆达
（贝尼－萨拉姆）
莱昂托波利斯
下埃及
希拉康波里
莱托波里斯
阿布罗什
吉萨
迈哈迪
扎乌伊特－阿岩
图拉
阿布西尔
奥玛里
萨卡拉
红海
西部沙漠
孟菲斯
埃鲁安
瓦迪－加拉维
代赫舒尔
米尼埃
利希特
加斯拉－沙哈
法尤姆绿洲
卡夫拉·塔尔汗
热尔扎
阿佛洛狄忒波利斯
塞拉
美杜姆
法尤姆
东部沙漠
哈瓦拉
拉胡恩
纳芬斯
赫拉克略奥波里
马格多拉
尼罗河
贝尼－苏埃夫
代沙谢什
巴尔尤塞夫
安吉洛农波利斯

对照年表

古埃及：新石器时代至新王国时期

公元前3200年—公元前3000年

"原型王国"时期（涅伽达文化Ⅲ期或第零王朝）

上、下埃及"原型王国"
- 前王朝时期君王
- 该时代重要神祇：塞特和荷鲁斯

文化成就：
- 修建最早的帆船
- 文字
象形文字
图画文字

公元前3000年—公元前2686年

提尼特王朝时期（第一王朝和第二王朝）

- 上、下埃及获得政治统一
- 纳尔迈成为统一之后的埃及首任法老
- 法老哲特统治埃及，蛇王
- 都城：阿拜多斯

文化成就：
- 纳尔迈调色盘
- 珠宝首饰获得发展
- 修建了最早的马斯塔巴

公元前2686年—公元前2494年

古王朝时期（第三王朝和第四王朝）

- 盛世时期：胡夫、齐弗林和孟卡拉统治时期
- 国王-神崇拜
- 都城：孟菲斯

文化成就：
- 左塞尔在位时修建萨卡拉陵墓建筑群
- 在代赫舒尔和美杜姆修建金字塔
- 在吉萨修建金字塔
- 制作木乃伊

近东地区：从最早的城市出现至赫梯帝国时期

公元前3500年—公元前2900年

古青铜时期

- 乌鲁克时期，出现了世界上最早的城市
- 城邦模式确立发展
- 最早的城市-神庙：苏斯和尼尼微
- 杰姆特·纳斯尔

文化成就：
- 发明了轮子和犁
- 出现了原始图画文字

公元前2900年—公元前2750年

第一王朝时期

- 苏美尔文明发展
- 最早的宫殿
- 独立的城邦

文化成就：
- 楔形文字出现
- 青铜代替了铜石

公元前2750年—公元前2334年

第一王朝和第二王朝时期

- 阿-安涅帕达建立了乌尔第一王朝
- 主要苏美尔城市建成：乌鲁克、乌尔、埃利都、基什、尼普尔、奥玛和拉加什

文化成就：
- 乌尔旗
- 安纳托利亚地区出现最初的冶铁技术

其他文明

公元前3500年—公元前3000年

- **欧洲**：冰岛纽格兰奇的装饰巨石墓
- **亚洲**：中国出现缫丝技术
- **美洲**：种植玉米
- 早期陶器（厄瓜多尔和哥伦比亚）
- **大洋洲**：澳大利亚原住民的岩画

公元前2900年—公元前2700年

- **欧洲**：中欧的多瑙河文化
- 希腊基克拉泽斯的大理石雕像
- 希腊开始青铜时代
- **美洲**：从美洲到厄瓜多尔、瓦尔迪维亚出现最古老的人类表征
- 棉花种植
- **亚洲**：东南亚第一个农业殖民地

公元前2700年—公元前2300年

- **欧洲**：青铜在欧洲和亚洲获得大量使用
- **亚洲**：印度河流域的哈拉帕文明
- 中国具有纹饰的丧葬陶器
- **美洲**：在秘鲁卡拉尔创建美洲最古老的城市
- 中美洲文明的开始

公元前 2494 年 —公元前 2181 年

古王国时期（第五王朝和第六王朝）

- 赫里奥波利斯的祭司建立了第五王朝
- 确立太阳神拉崇拜
- 第六王朝导致中央政权瓦解

文化事件：

- 建造太阳神庙和马斯塔巴
- 在乌纳斯金字塔中出现金字塔文

公元前 2181 年 —公元前 2055 年

第一中间期（第七王朝和第八王朝）

- 闪米特人占领三角洲
- 下埃及：赫拉克略波里王朝（第九王朝和第十王朝）
- 底比斯王朝建立（第十一王朝）

公元前 2055 年 — 公元前 1650 年

中王国时期（第十一王朝至第十四王朝）

- 门图霍特普二世重新统一王国并驱逐入侵者
- 攻占克里特岛、努比亚和苏丹
- 都城：孟菲斯

文化成就：

- 文学的黄金时代

公元前 1650 年—公元前 1550 年

第二中间期（第十五王朝至第十八王朝）

- 喜克索斯人占领下埃及，并定都阿瓦里斯。喜克索斯王是第十五王朝的统治者
- 底比斯第十六王朝和第十七王朝的统治者控制上埃及地区
- 底比斯王卡莫西斯和喜克索斯人发生战争，但最终他的继承人阿莫西斯（第十八王朝）将喜克索斯人逐出境外

公元前 2350 年—公元前 2112 年

阿卡德帝国

- 萨尔贡大帝创建阿卡德帝国
- 萨尔贡的孙子纳拉姆辛巩固了王权并扩大了领土，将边境推至扎格罗斯山脉
- 印欧人在伊朗和安纳托利亚定居
- 新移民闪米特人
- 古特恩攻占阿卡德

文化成就：

- 埃布拉王国石板

公元前 2112 年—公元前 2004 年

乌尔第三王朝

- 乌尔纳姆征服阿卡德并建立乌尔第三王朝
- 许多地区城邦独立：伊辛和拉尔撒

文化成就：

- 修建乌尔神塔

公元前 2004 年—公元前 1750 年

古亚述 - 古巴比伦

- 阿苏尔城邦崛起
- 苏木阿布姆建立了第一个巴比伦王朝
- 旧赫梯帝国在安纳托利亚诞生，定都哈图萨

文化成就：

- 汉谟拉比编写了以他的名字命名的法典

公元前 1650 年—公元前 1200 年

赫梯帝国

- 削弱亚述力量
- 控制叙利亚和上美索不达米亚，使新赫梯帝国达到鼎盛时期
- 征服阿勒波和巴比伦
- 米坦尼王国的辉煌与衰落

文化成就：

- 在叙利亚发明拼音文字

公元前2300年—公元前2100年

- **欧洲：** 冰巨石阵建成
- 克里特岛米诺克文明诞生
- **亚洲：** 中国首次观测到彗星经过地球

公元前2100年—公元前1700年

- **亚洲：** 中国出现原始城市
- **大洋洲：** 来自印度尼西亚的拉皮塔人在美拉尼西亚定居
- **美洲：** 在秘鲁拉佛罗里达修建祭拜中心

公元前2100年—公元前2000 年

- **欧洲：** 在克里特岛修建克诺索斯宫
- **美洲：** 秘鲁瓦努科附近的科托什文化建成双手交叉神庙

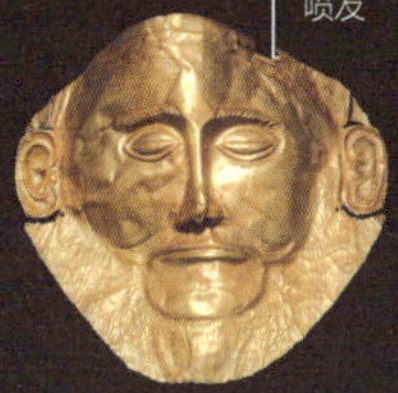

公元前1700年—公元前1550年

- **欧洲：** 希腊迈锡尼文明诞生
- 在巴利阿里群岛和撒丁岛发现独眼建筑
- 希腊锡拉岛（圣托里尼）火山喷发
- **亚洲：** 中国出现最早的书法

王朝年表

"原型王国"时期

涅伽达文化Ⅲ期/第零王朝

约公元前3200年—公元前3000年

提尼特王朝 约公元前3000年—公元前2686年

第一王朝 约公元前3000年—公元前2890年

纳尔迈

阿哈

哲尔（阿托蒂）

哲特（瓦吉）

美丽奈茨

登

阿涅德吉布

瑟莫赫特

卡

第二王朝 公元前2890年—公元前2686年

赫特普塞海姆威

拉内布（纳布里）

尼涅特尔

温涅格

塞涅德

塞克赫米布/伯里布森

哈塞海姆/哈塞海姆威

古王国时期 公元前2686年—公元前2181年

第三王朝 公元前2686年—公元前2613年

左塞尔（尼特杰里赫特）	公元前2686年—公元前2667年
塞汉赫特	公元前2667年—公元前2659年
哈巴	公元前2659年—公元前2656年
塞纳赫特/内布卡	
胡尼	公元前2637年—公元前2613年

第四王朝 公元前2613年—公元前2494年

斯尼夫鲁	公元前2613年—公元前2589年
基奥普斯（胡夫）	公元前2589年—公元前2566年
杰德夫拉（雷吉德夫）	公元前2566年—公元前2558年
卡夫雷（哈夫拉）	公元前2558年—公元前2532年
米凯里诺斯（孟卡拉）	公元前2532年—公元前2503年
谢普塞斯卡弗	公元前2503年—公元前2494年

第五王朝 公元前2494年—公元前2345年

乌斯卡夫	公元前2494年—公元前2487年
萨胡拉	公元前2487年—公元前2475年
内弗尔卡拉•卡凯	公元前2475年—公元前2455年
奈弗力弗拉（兰尼弗雷夫）	公元前2454年—公元前2452年
谢普塞斯卡拉（西西雷斯）	公元前2451年—公元前2450年
纽塞拉	公元前2449年—公元前2424年
门考霍尔•阿考霍尔	公元前2423年—公元前2416年
杰德卡拉•伊塞西	公元前2415年—公元前2376年
乌纳斯（欧诺斯）	公元前2375年—公元前2345年

第六王朝 公元前2345年—公元前2181年

特提	公元前2345年—公元前2323年
乌斯卡拉	公元前2323年—公元前2321年
佩皮一世麦雷拉	公元前2321年—公元前2287年
麦伦拉一世	公元前2287年—公元前2278年
佩皮二世内弗尔卡拉	公元前2278年—公元前2184年
麦伦拉二世	公元前2184年—公元前2182年
尼托克里斯（尼提克莱提）	公元前2182年—公元前2181年

第一中间期 公元前2181年—公元前2055年

第七王朝

曼涅托认为曾在"七十天内七十王"，但考古研究和后续的遗迹并没有证明他们的存在。

第八王朝 公元前2181年—公元前2160年

（多位国王登基名为佩皮二世曾经使用过的内弗尔卡拉）

内弗尔卡拉

卡凯拉•伊比

内弗尔卡乌胡

伊提

伊姆霍特普（伊姆特赫斯）

科威

第九王朝和第十王朝（赫拉克略奥波里政权）

公元前2160年—公元前2055年

（与第七王朝和第八王朝类似，证据表明第九王朝和第十王朝是同时存在的）

科提一世梅里拉

科提二世尼布卡乌拉

科提三世乌阿哈拉

梅里卡拉

第十一王朝（仅在底比斯地区）

公元前2125年—公元前2055年

门图霍特普一世泰皮阿 公元前2125年

安特夫一世塞赫托威 公元前2125年—公元前2112年

安特夫二世瓦汉克 公元前2112年—公元前2063年

安特夫三世纳克特内特普涅弗 公元前2063年—公元前2055年

新王国时期 公元前2055年—公元前1650年

第十一王朝 公元前2055年—公元前1985年

门图霍特普二世尼布赫帕特拉 公元前2055年—公元前2004年

门图霍特普三世塞安赫卡拉 公元前2004年—公元前1992年

门图霍特普四世内布塔威拉 公元前1992年—公元前1985年

第十二王朝 公元前1985年—公元前1773年

阿美涅麦斯一世塞赫泰皮布塔威（阿蒙涅姆赫特一世）

公元前1985年—公元前1956年

塞索斯特里斯一世海佩卡拉 公元前1956年—公元前1911年

阿美涅麦斯二世内布卡乌拉（阿蒙涅姆赫特二世）

公元前1911年—公元前1877年

塞索斯特里斯二世哈克海佩拉 公元前1877年—公元前1870年

塞索斯特里斯三世哈卡乌拉 公元前1870年—公元前1831年

阿美涅麦斯三世尼玛阿特拉 公元前1831年—公元前1786年

阿美涅麦斯四世尼玛阿特海鲁拉 公元前1786年—公元前1777年

塞贝克涅弗鲁王后索贝克卡拉 公元前1777年—公元前1773年

第十三王朝 公元前1773年—公元前1650年

（在这百年时间里，有许多君主登上王位，但对于他们的传承次序，我们将列出其中最知名的几位法老）

威格夫

塞赫姆拉·桑赫塔威·内弗尔霍特普

阿蒙涅姆赫特四世-阿美涅麦斯

荷尔

索贝克霍特普二世

汗杰·乌斯卡拉

索贝克霍特普三世

内弗尔霍特普一世哈塞赫姆拉

萨哈托尔

索贝克霍特普四世哈内弗拉

索贝克霍特普五世哈霍特普拉

阿伊·梅克赫普拉

第十四王朝 公元前1773年—公元前1650年

（君主登基时尚且年幼，可能与第十三王朝或第十四王朝同时存在）

第二中间期 公元前1650年—公元前1550年

第十五王朝（喜克索斯政权）

公元前1650年—公元前1550年

谢希

雅库布赫·梅里乌塞拉

希安·苏塞朗拉

阿乌塞拉·阿波比（阿波菲斯一世）

哈穆迪

第十六王朝（底比斯政权）

公元前1650年—公元前1580年

（对于与第十五王朝同时存在的底比斯政权前几位君王次序不清，其中包括阿波比[阿波菲斯]三世。）

第十七王朝（底比斯政权）

约公元前1580年—公元前1550年

拉霍特普

索贝克姆萨夫一世

安特夫六世塞凯姆拉·乌埃普马加特

安特夫七世内弗尔凯佩鲁

安特夫八世塞凯姆拉·埃鲁赫尔马加特

索贝克姆萨夫二世 约公元前1560年

西阿蒙·内杰尔赫派拉 约公元前1555年—公元前1550年

注意：由于埃及人不是从统一的一个时间点计算日期，而是从统治者登基的第一年开始计算，因此准确的古埃及年表需要知道超过三千多年的法老时期中统治者的确切先后顺序以及每个统治者的在位时间。然而，近来发现了一段铭文，导致胡夫的统治期延长了两年，而不久之后在此之前还不为人所知的一位新法老乌斯卡拉的名字加入了第六王朝的法老列表中。因此，王朝年表只是近似的列表，仅供读者参考。本书中的王表与伊恩·肖（Ian Shaw）在《古埃及历史》（*Histoire de l'Égypte antique*）一书中的王表内容略有不同。

NATIONAL GEOGRAPHIC

图书在版编目（CIP）数据

最初的法老 / 美国国家地理学会编著；董馨阳译. -- 北京：现代出版社, 2022.1

（美国国家地理全球史）

ISBN 978-7-5143-9628-7

Ⅰ. ①最… Ⅱ. ①美… ②董… Ⅲ. ①埃及－古代史 Ⅳ. ①K411.2

中国版本图书馆CIP数据核字(2021)第238958号

版权登记号：01-2021-6982

由北京久久梦城文化发展有限公司代理引进

最初的法老（美国国家地理全球史）

编 著 者：美国国家地理学会

译　　者：董馨阳

策划编辑：吴良柱

责任编辑：张　霆　谢　惠

内文排版：北京锦创佳业文化传播有限公司

出版发行：现代出版社

通信地址：北京市安定门外安华里504 号

邮政编码：100011

电　　话：010-64267325　64245264（兼传真）

网　　址：www.1980xd.com

电子邮箱：xiandai@vip.sina.com

印　　刷：固安兰星球彩色印刷有限公司

开　　本：710mm×1000mm 1/16

印　　张：14　　字　　数：200千

版　　次：2022年1月第1版　　印　　次：2023年10月第 3 次印刷

书　　号：ISBN 978-7-5143-9628-7

定　　价：76.00元